지리산 속살 이야기

지리산 속살 이야기

이종영 시집

그림과책

| 시인의 말 |

내 고향은 지리산 유덕골
내 엄마는 지리산이고
내 아버지는 덕천강이다
별 구름과 달을 보며
이슬과 서리 눈이 내린
풀을 밟고 소 먹이고 멱 감았다

지리산 속에 뛰놀던 어린 시절
동학군 일본군 이야기를 들었다
여순 사건 6·25전쟁 피해를 보았다
총소리 듣고 잠들며 피난도 가고
약탈 방화 주검의 공포도 보고
지리산의 슬픔 기쁨 아픔을 안다

물소리 바람 소리 새소리 천둥소리
가족 이웃 친구 자연의 소리
지리산 속살 이야기 속에
산청 곶감 딸기 사과처럼
맛있는 과일 맛 시를 매달아 본다
숙성되려면 한참을 기다려야지

2025년 여름

이 종 영

차 례

5   시인의 말

제1부 지리산

14   소나무의 통곡
16   지리산
17   백의민족
18   경호강
19   정취암
20   산청에 산다
21   몽돌밭 파도는 왜 우는가
22   왕의 피난길
24   지리산 꽃 이야기
25   하늘 계단
28   덕산사
29   밤머리재
30   오월의 찔레꽃
31   바람이 머무는 곳
32   지리산 속살 이야기
33   지리산 가는 길

제2부 복사꽃

36 복사꽃 I
37 그 사람
38 모닥불
39 하루살이
40 본능
41 제비꽃 봄날
42 친구
43 금슬
44 갈증
45 밤꽃이 피면
46 이슬
47 열아홉 봄날
48 복사꽃 II
49 꿈
50 개나리꽃
51 새싹 붓
52 가는 봄
53 때죽꽃이 필 때
54 달맞이꽃 연가
55 파크골프장에 꽃비 내리네

제3부 왕등재

58　왕등재
59　구절초
60　동의보감촌 무릉교
61　무제치기 폭포
62　겁외사
63　보리타작
64　가뭄
65　선물
66　보릿고개 I
67　포장마차
68　콧노래
69　보릿고개 II
70　고추잠자리
71　소망
72　선녀는 없는가
73　까치 다리
74　묵사발
75　힘을 빼라
76　평화의 댐
77　그물

제4부 서울의 별

80 봉래산에 오르면
81 용추폭포
82 필봉
83 서울의 별
84 감천항 문화마을
85 티티카카 호수
86 산수유
87 장사 수단
88 미녀봉
89 송포 1357
90 내 별
91 독도
92 티티쿠티 고동
93 노을 인생
94 정자항 해맞이
95 꽃비
96 마산항 친구
97 돌아와요 네
98 대방진 굴항
99 청사포

제5부 가오리연

102 달집
103 흘러가는 연민
104 작전명령 제5호
105 가오리연
106 반달
107 겨울 꽃밭
108 두 살 손자
109 시월의 마지막 밤
110 귀빠진 날
111 엄마의 장터
112 암호 풀이
113 낚시
114 까치가 운다
115 첫걸음
116 마장동 회포
118 마지막 날
119 갓골 자양 할매
120 제삿날

122   고사목
123   덕천강

124   해설

제1부 지리산

건너편 숲속에서 부엉이가 울고 있다

언제 푸른 숲이 될까

아마도 반세기는 지나야지

소나무의 통곡

소나무 숲은 이야기하네
사월이 왔다고 봄이 왔다고
새들을 불러 모아 노래 경연을 펼치고
진달래 꽃잎은 나비 되어 나른다
온갖 짐승과 미물도 잠 깨고 나와 봄맞이하네

바싹 마른 삭정이와 가랑잎은
산 넘어 불어오는 동해 바람을 만났네
불쏘시개 먹은 불꽃은
회오리바람을 일으키며 광대춤을 춘다
마법의 불덩이가 바람을 붙잡고 날아다닌다

담뱃불을 던졌을까
전깃불이 떨어졌을까
송림이 불타고 있다
2022년 사월의 봄은
강릉에서 울진에서
울창한 숲을 순간 삼켜버렸다

날 짐승은 새끼를 잃고 멀리 날아가고
다람쥐와 청설모는 뛰어가다 재가 되고

개구리와 뱀은 땅속에서 무덤을 팠다
고사리 취나물 송이는 씨앗까지 태워 날렸다
흔적은 사라지고
검게 탄 나뭇등걸과 재뿐이구나

죽어간 짐승들의 울부짖음도
불탄 지붕 아래 넋 나간 노인의 주름살도
바람에 날려 보내고 산허리엔 재만 누웠다
백 년을 공들여 가꾼 숲은
재가 되고 통곡이 되고 주검이 되었다

지신님께 비나이다. 씨앗을 싹트게 하소서
산신님께 비나이다 산불을 막아 주소서
천신님께 비나이다 비를 자주 뿌려 하소서
목신님께 비나이다
금수강산에 푸른 숲을 펼쳐주소서

건너편 숲속에서 부엉이가 울고 있다
언제 푸른 숲이 될까 아마도 반세기는 지나야지

*제22회 산림문화 작품 공모 우수상 수상

지리산

내 이름은 빨치산
해방의 깃발을 남도에 휘날리며
피아골에 배낭을 풀고
핏빛 서린 저녁노을로 서산 넘어갔다

내 이름은 빨갱이
완장 차고 심원 계곡 숨었다가
찬란한 아침 햇살에 이슬로 사라졌다

내 이름은 동학군
농기구 짊어지고 총칼과 부딪히고
까마귀 우는 고운동에 지게를 벗고
함박꽃으로 피어나 하얗게 떨어졌다

내 이름은 사시사철 삼신할미 손 비비는 삼신산三神山
나뭇잎 사이로 숨어든 약자를 돕는 방장산方丈山
약초꾼 무속인 자연인 스님을 두루 품은 두류산頭流山
슬기와 지혜를 한없이 안겨주는 어머니 같은
내 이름은 참 지리산智異山이다

백의민족

첫눈이 내린다
새소리도 들리지 않는다
세상이 고요하다

성냄도 오욕도 싸움도
깨끗하게 덮어 씌어 버렸다
세상이 깨끗하다

찌푸린 얼굴을 펴고 활짝 웃어라
더러워진 옷을 훌훌 벗어라
깨끗한 무명옷을 입어라

우리는 백의민족이다
겉치레도 속셈까지도
하얀 첫눈이 내리면
신이 나서 껄껄껄 웃겠다

경호강

물 고운 거울 강에 달이 앉았네
바람 고운 강언덕에 별이 내렸네
청산도 내려와 제 얼굴 그려 넣고
흰구름도 떠가다 여울에 걸렸네

아장아장 아이는 나비 따라 걸음마
물총새 꽁지 방아 백로가 훼방 놓고
은피리 동피리 쏘가리 피해 숨어든다

잔물결 일렁일 때 엄마 얼굴 그려 넣고
아지랑이 솔솔 필 때 누나 모습 떠 있네
순이가 쑥을 캐고 영애가 달래 캔다

고향의 강물 속에 옛친구 모여들고
실바람 아지랑이 물제비 뜰 때
잔주름 눈가에 손수건이 젖는다

정취암

하늘을 오르려다 못 버린 정이 있어
절벽 위에 주저앉았다
고독을 혼자서 새기다
산이 되고 바위가 되었다

부처님 오신다고
의상조사가 오신다고
오월이면 찔레꽃이 꽃동산을 장식하고
산새가 금강송을 중얼거린다

절벽 아래 물안개 피어오르고
돌개바람이 산허리를 휘감는다
풍경 소리 염불하고
중생이 고백한다

죄인은 절벽 아래 눈을 감았다
바위 위로 눈을 떠
관세음 보살
숨긴 죄를 모두 토설한다

산청山淸에 산다

포근한 엄마 지리산智異山 품에 안겨
고로쇠 물 마시고 곶감 알밤 맛있게 먹고 산청에 산다

경호강 돌을 별에 은어 피리 얼쑤 좋아 레프팅하고
덕천강 맑은 물에 꺽지 쏘가리 물비늘 헤치고
흥이 나서 풍년 노래 부르고 산청에 산다

계곡 따라 물길 따라 펼쳐진 기름진 땅
오곡이 무르익고 딸기랑 사과 맛이 늘품일세
공기 맑고 물맛 좋은 오곡 풍성한 산청에 산다

약초밭 동의보감촌 대원사 계곡 길
선비의 고장 산천재 철쭉 피는 황매산
도라지 홍화꽃 피는 산청에 산다

두루미 노니는 양천강 품에 안겨 백세 인생 누리며
벚꽃 길 걸어가며 다래 산채 먹고
목화밭 내 고향 산청에 산다

몽돌밭 파도는 왜 우는가

자글자글 하늘이 울고
도글도글 바다가 운다
밤새도록 뒤척이며
이를 갈며 구른다

군함도 탄광에서
필리핀 정글에서
만주 벌판에서
히로시마 원폭 때

노예처럼 일하고
벌레처럼 시달리고
짐승처럼 매 맞고
끈 떨어진 짚신처럼 버려졌다

자갈돌이 상여꾼으로 다글다글
몽돌이 저승사자로 더글더글
얼마나 울며 몸부림쳐
원혼은 조약돌 되었나

왕의 피난길

초승달이 서쪽 하늘을 희미하게 비출 때
양왕은 가락국 등지고 길 떠나
기울어진 추를 매달고 금관가야를 벗어났다
천년을 기억하라며 왕관도 곤룡포도 던져버렸다
강 따라 산 따라 돌고 돌아 지리산으로 들어섰다

덕산골 왕평보 막고 왕버들에 농사짓고
수왕골 물 마시며 몇 해를 보냈어도
한여름에 오한이오 한겨울에 온열이라
등짐 봇짐 싸서 유덕골로 올라가니 왕등재더라

여름이면 삼신할머니가 비를 많이 뿌리고
겨울이면 마고할머니가 눈을 많이 뿌리고
하늘이 너무 가까워 달과 별이 밝으니
용안이 부끄럽고 백성이 근심되어 잠이 오지 않구나

고산습지 샘물 솟아 목 축이고
단비 한 쌍 사랑놀음에 다람쥐는 줄행랑
물잠자리 맴돌고 수달이 조개 잡더라

올망졸망 오봉재 돌아 넘어

경호강 물 마시고 곰내들 농사짓고
화개마을 터 잡아 연명해도
왕조님 볼 낯 없고 만백성 고뇌 주어 하늘을 볼 수 없네
천근만근 돌을 쌓아 죽어서도 무거운 짐 벗어날까
돌무덤으로 자승자박하였네

날짐승도 피해 날고
풀벌레도 돌아가는 7층 돌무덤
양왕은 이천 년 동안 좌선 참회 중이다
왕산 아래 구형왕릉*
오늘도 가야 백성들이 허옇게 줄 서서 조아린다

*산청군 금서면 화계리에 있는 가락국 마지막 임금 양왕의 돌무덤

지리산 꽃 이야기

봄 처녀 진달래꽃 봄소식 전해주오
피아골 피 흘린 사연 백무등 백골 이야기를
조개골 넘나들던 까마귀 떼를
듣거나 본 사람 있나요

여름 총각 자귀나무꽃 한여름 소식 전해주오
한신골 오르내리던 빨치산
거림골 건너뛰던 특공대는
어찌 되었는지 소문 들었나요

가을 아씨 싸리꽃 가을 소식 전해주오
천왕봉 중봉 써리봉 하봉을 주름잡던 사람들
거창 함양 산청 하동 구례 사람 죽인 자들
그들도 죽었는지 살았는지 아시나요

국군이 진자리는 진달래가 피어나고
인민군이 진자리는 철쭉꽃이 피어나고
유엔군이 진자리는 층층나무 꽃이 피고
백성이 진자리는 망초꽃이 피었다
지리산에서 이 꽃향기를 맡아본 사람 있나요

하늘 계단

하늘을 오르려면 지리산으로 오라
중산리 계곡 길을 오르면 천왕봉으로 간다
칼바위 계곡 칼바람을 앞세우고
하늘을 향하여 구름을 붙잡고
고래등 날숨을 뿜어내며 체중을 헐떡여
망바위를 엉덩이에 감추고
가물가물 물에 뜬 섬들을 헤아린다
남해도 사량도 가덕도 대마도 진도 완도
아름다운 수많은 섬들을 남해에 누가 그려 놓았을까
아른거리는 남도의 금수강산이
눈 아래 깔려 붙박이별처럼 떠오른다
산장이 없던 시절 노라호 태풍 때 하룻밤
비를 피해 잠을 잔 마당바위를 지나 로터리 산장을 내려다보며
중간 지점인 법계사 일주문을 향하여 다시 오른다
아파트 계단 같은 테크 길을 숨차지 한 발 한 발 올라간다
6·25 때 불타버린 절터에 움막 절을 지어 동냥 스행하던 손 보살은 하늘로 먼저 올라가고 낯선 스님 불경 소리 등 산꾼의 발을 멈추게 한다
지리산 솔바람 노래되어 산새들도 중얼거린다

넓적한 멍석바위 기어오르고 평생 마신 산소 덩어리를 한꺼번에 토하며 하늘로 통하는 통천문을 통과하였다

선한 사람만 지날 수 있으니 방망이 잡은 문지기도 없이 잘 빠져나왔다

하늘이 가까워졌다 밧줄에 매달리며 갈지자로 한 계단 한 계단 하늘 멀미를 어지럽게 하며 천왕봉에 매달린다

옥황상제 허락도 없이 하늘나라에 온 견우가 되어 직녀의 이름 야호를 크게 외친다

코흘리개가 손등으로 문지르듯 왕방울 짠 땀을 손바닥으로 훔치며 짭짤한 숨 가쁨으로 더디어 지리산 천왕봉 해발 1,915m 표지석을 정복하였다

동쪽에는 저 멀리 황매산과 웅석봉이 엎드린 산청이 보인다

남쪽에는 진주시와 남강이 반짝 빛나고 서쪽에는 세석평지 하동 광양 여수

섬진강 물빛이 축하 메시지를 반사 조명으로 흔든다

북쪽에는 남원과 함양 덕유산이 아롱거린다

파란 하늘에는 새털구름 흘러가고 센바람이 까마귀를 날린다

천왕봉 아래 조금 넓은 마당 가에 천왕 할매 석상이 상처 입고 뒹굴고 돌담장 산장 안에는 마룻바닥 떼어내어

불을 지폈는지 군데군데 떨어져 나갔다
 바람을 등지고 앉아서 동서남북 저 아래 군상들을 감상하면서 하늘에 오른 희열과 감동을 느끼며 개선장군이 되어 세상을 내려다보고 크게 웃는다
 허기진 배 속에는 맹물이 꼬르륵 뒹굴고 고시리를 맛본 까마귀들은 빨리 배낭을 풀라고 까악까악 소리 지르며 몰려온다
 하늘 가운데서 먹는 도시락은 하늘나라에서 나려 준 특식이라 맛 향 기분 끝내주는 진수성찬이다
 평생 발 한번 씻지 않은 새까만 드른처럼 까마귀가 떼로 날아와 밥상을 노린다
 다섯 발을 창작한 유도탄이 공중전을 펼쳐도 허탕이다
 산신님 천신님 지신님 고맙고 감사합니다.
 자비라도 베풀 듯 통근 고시레로 산 귀신들도 조용하다
 옥황상제 자세로 제일 높은 곳에 서서 사방을 둘러본다
 사랑한다 지리산
 삿갓구름 쓰고 멀리서 쳐다본 전설의 너를 안아 본다.

덕산사德山寺*

아~ 잃어버린 이름이여
촛불이 춤을 추고 눈물은 범벅으로 흘러
촛 무덤을 영겁으로 쌓았다

구릿빛 향로를 벗어난
뜨거운 영가는
머리 풀고 허공을 얼마나 헤맸을까

법당 안 목탁 소리 날 선 침묵으로 도배하고
격자 문살에 매달린 문풍지가 울 때
석남암사지 석조비로자나불좌상*이
눈감고 두 손 모아 신라를 소환했다

장당골 정화수 떠 놓고 중생들이 염원하고
신라 고려 조선 삼신할매께 기도하니
내원內源 안에 은거하던 덕산사德山寺가 나왔다네

*덕산사 : 산청군 삼장면 내원리에 있는 내원사가 옛 이름 덕산사를 되찾았다
*석남암사지 석조비로자나불좌상 : 가장 오래된 불상 국보 지정 233-1호

밤머리재

알밤 한 말 지고 가다 고갯길 넘고 나면
밤톨이는 오간 데 없다 하네
전설 따라 밤머리재라 불렀다네

고갯마루 넘어서면
물안개 바다 위에 왕산 필봉이 떠 있고
기러기 떼 구름 쫓아 부채질하고
북으로 고향 찾아 날아간다

삼강 지나 무서리
바싹 마른 가랑잎
데굴데굴 서릿바람 몰고 와
떡갈잎 단풍잎 아우성 지르고

가을이 쫓겨 가는 밤머리재
알밤 움켜쥔 다람쥐
가랑잎에 숨길까
잊어도 밤나무 새싹 난다

오월의 찔레꽃

찔레꽃 피는 오월이 오면
만세 소리가 들리고 태극기가 펄럭인다
억울하게 스러져 간 영혼들이 일어선다
독립군처럼 ~ 국군처럼~ 민초들처럼
하얀 두루마기
파르르 옷깃을 떨치며 일어선다

오월이 오면 조국 강산에 찔레꽃이 피어난다
가시 발톱 세우고 하얀 영혼 피어난다
어린 양 애기 무덤 돌 틈 사이에도
영문도 모르는 양민들 주검 구덩이에도
소복 입고 해마다
그들 곁에 찔레꽃이 피어난다

꽃잎 물고 만세 부르며
대한의 산야에 모두 일어선다
군가 소리 힘차고 총소리가 깨 볶는다
백의민족 살갗에 가시 돋는다

바람이 머무는 곳

양지바른 골짜기에 황룡이 여의주를
입에 문 장풍 득수 터로구나

좌청룡坐青龍 굽이치고 우백호右白虎 엎드리니
부귀성현지지富貴聖賢支地 용주혈龍珠穴이요

현무玄武가 힘차고 주작朱雀이 조아리니
진귀한 혈처로다

백두로 흘러온 지리산 밝은 기운
갓골에 서려 있네

큰골 맑은 물 덕천강 흘러들어 덕수德水를
이루니 두터운 덕 쌓아 만물의 생명
이롭게 하는 덕수인德水人* 되어라
바람도 머무는 곳
꿩 노루 산짐승도 자고 간다

* 덕수인 : 이이 율곡, 이순신 장군

지리산 속살 이야기

한민족의 영산 지리산에 안기면
임진왜란 의병 함성 독립군 발소리
빨치산 투혼 민초들 한숨 소리 들린다

2025년 봄날 산청 골짜기 작은 불씨
거센 바람 휘몰아 속치마 홀랑 타고
유난히 더운 그해 여름 수마가 할퀴어
깊은 상처 붉은 피 토했다

골짝마다 약초 약수 능선마다 치유의 숲
유의태 허준 동의보감 명약 치료
속살이 포동포동 차오른다

천왕봉에서 장엄한 동해 일출 보고
대원사 생태탐방 피아골 단풍 물결
써리봉 고사목 기상 운무에 신고
세석평전 철쭉 바다 평화제 올린다

지리산 가는 길

벽돌담 안쪽 양지바른 마당 가
봄 햇살을 미음처럼 마시는 노인네들
대소쿠리 안 하얀 목화꽃으로 피어났다
다음에 오겠다던 아들 얼굴 그리는가
오만상 찌푸려도 생각은 고둥 껍데기로 비어 있고
갈갈거리는 한숨만 고래등을 타고 넘는다
손주의 재롱도 짝짜꿍도
목숨처럼 보물로 여겼던 아들의 얼굴도
콜록거리는 기침 때문에 동공을 튀어 나가 버렸다
병상을 점점 무겁게 짊어진 등허리에는
평생 모아둔 한이 진물로 솟아나고
눈 감으면 차마 놓을 수 없는 잔영들이
희미한 거미줄로 번득이며 그물을 엮어간다
지게 대신 차로 업혀 왔으니
솔잎 따서 뿌리지도 못하였고
아무리 먼 산골짜기라도
네빈가 내빈가 켜고 잘 찾아갔는지
산속 내리막길 바람 따라 가랑잎만 굴러간다

제2부 복사꽃

봄바람은 꽃 배 띄워 출렁이고
도화 향은 강물 따라 흘러간다
꽃 진 자리마다 꽃 진 자리마다
고향집 옛이야기를 주렁주렁 매단다

복사꽃 I

집 앞 강나루에 돌복숭아 한 그루 꽃 피었네
비스듬히 누워 강바람을 부채질하고
복사꽃 향기가 꿈속으로 꿈속으로 나를 데려간다

봄바람은 꽃 배 띄워 출렁이고
도화 향은 강물 따라 흘러간다
꽃 진 자리마다 꽃 진 자리마다
고향집 옛이야기를 주렁주렁 매단다

그립고 그리운 울 엄마
젖 내음이 스며들고
분홍 치마 펄럭이던 누나 분 내음이 스친다

대소쿠리 머리 이고 동생이 강둑을 걷고
저 멀리 저 멀리 아버지가
감태나무 지팡이 붙잡고 서 있다
복사꽃 피는 강나루에
온 식구들이 봄나들이 나왔다

그 사람

늘 사랑하면서
사랑한다고 말 못 하고

늘 예뻐하면서
예쁘다고 말 못 하고

늘 그리워하면서
보고 싶었다고 말 못 하고

늘 좋아하면서
좋다고 말 못 하였다

연둣빛 새봄 지나고
천둥번개 치듯 여름 가고
고운 단풍 살랑바람 가을도 가고
흰 눈 내리는 겨울을 살고 있다

늘 사랑한다고 네가 제일 예쁘다고
이제는 말할 수 있다

모닥불

어둠이 울타리를 두르고
별이 깊은 바다로 빠질 때
불꽃은 너울너울 춤을 춘다

짚불로 타버린 새까만 사연이
가물가물 멍을 때린다

불나방이 다이빙하고
희미한 연서가 타들어 가는 밤
장작이 뒤척이며 불빛을 고른다

비둘기가 경계 없이 넘나들 듯
그녀 허락 없는 짝사랑으로
아직도 봉창 밑을 서성거린다

짧은 생이 바쁜 매미가
새벽부터 슬피 울고
새끼를 부르는 뻐꾸기가
매실매실 웃고 있다

하루살이

촌각을 다툰다
어찌 살면 잘 사는 걸까
여우비가 올까
소소리 바람이 불까
근심으로 아침나절 지나갔다

친구들을 불러 모아
새떼처럼 춤을 춘다
벌떼처럼 빙글빙글 돌아본다
부어라 마셔라 취한다
내일 만나자

하늘이 돈다
거미줄에 걸렸다
은가람에 빠졌다
하루뿐인 삶
그들에게 내일은 오지 않았다

본능

단비가 부엉이를 잡고
부엉이가 두더지를 잡고
두더지가 메뚜기를 잡고
메뚜기는 논에서 벼 잎을 물고
포수는 멧돼지 잡으러 뛰어다니고
까치는 신나게 구경 참 잘한다

무논에 개구리 개굴개굴
뱀 지나갔다
텃밭에 비둘기 구구구구
고양이 지나갔다
개울에 가재가 벌벌
산돼지 지나갔다

제비꽃 봄날

돌담장 아래 봄날은 가난도 신이 났다
뒷산에 송구 꺾어 하모니카 불고
앞 냇가 강둑에 삐삐 뽑아 입에 물고
찔레순 껍질 벗겨 간식으로 상 차렸다

꽁꽁 언 보리논 괭이로 골프 치고
그루 덩이 공 굴리며 이랑으로 굿샷
버들가지 물오르면 삘리리 피리 불고
밀 서리 보리 서리 검댕 얼굴 하얀 잇빨

진달래 꽃잎 물고 제비꽃 쌀밥 짓고
달래 냉이 쑥을 넣어 된장국 끓여서
엄마 아빠 사랑놀음 소꿉친구
따스한 양달에서 병아리도 함께 논다
영이와 점이는 제비꽃을 잊었을까

친구

눈은 맑은 계곡물
풍당 빠지고 싶다

볼우물은 발그레한 복숭아
한입 베어 물고 싶다

입술은 들꽃 향기 나는 연달래
살금살금 가까이 가고 싶다

귀는 부잣집 앞마당 하얀 목련꽃
살짝 붙잡고 당기고 싶다

가슴은 그리움이 가득 찬
파란 하늘의 뭉게구름
안개꽃 한 다발 안겨주고 싶다

너는 나의 허브향
나는 너의 박하향이라면
참 좋겠다

금슬琴瑟

서울의 남산타워
꼭대기 층 엘리베이터 문 옆
군중 속에 입이 붙어 떨어지지 않는 한 쌍
인증샷 얌체족이 금슬을 끊는다

1호선 서면역 출근길 만석 틈
부둥켜안고 짝지 과잉보호
만원 객실 아이 좋아라
구경꾼이 부끄러워 눈을 감는다

마산 합동 주차 광장
비둘기 한 쌍 불시착
암놈이 한쪽 날개 세워 몇 바퀴 돌고
걸어가면서 주둥이를 부딪친다

목덜미를 물고 등에 올라
눈 깜박할 새 합 꽁지가 되었다
핸드폰을 누르기 전에 연극은 끝나고
금슬은 숲속으로 반짝 줄을 긋는다

갈증

그리움이 초승달을 그리고
뒤통수 머리털을 당긴다
아무도 없어 눈이 시려 감는다
기다림에 지쳐 코가 찡하고 귀가 멍하다

오지 않을 사람 뻔히 알면서
길모퉁이로 눈이 달려가고
바람 불어 문을 열고
비가 오면 창가를 서성거린다

보름달이 뜨면 오려나
개구리가 울면 오려나
수탉이 고래고래 한 곡 뽑고
날이 새면 오려나

찬물 바가지로 들이켜도
목이 탄다
애가 탄다
약이 없다

밤꽃이 피면

어젯밤 몰래 한 사랑
까치란 놈이 어떻게 알았을까

그 사랑 향기를 물고 와
밤꽃 나무 가지에 앉아 까악까악
온 동네 소문내고 있다

벌나비가 수군거리며 모여들고
진드기 개미는 냄새 맡고 줄지어 온다

알나리깔나리 장끼가 끼럭끼럭 웃고
비둘기가 쌍쌍이 몰려와 파닥거린다

밤꽃이 질 때까지
새색시는 대문을 나서지 않았다

이슬

남몰래 새벽녘에 내려와
우아하게 앉아 해맞이하고

풀잎에 앉으면
눈이 큰 잠자리 소년

꽃잎에 앉으면
춤추는 나비 소녀

바람 타고 줄지어 날면
오색 무지개 뜨고

연잎에 구르는 너
하늘 이야기를 담은 옥구슬

거미줄에 매달린 너
곤충에게 위험을 알려주는 신호등

열아홉 봄날

그리움이 나를 찾고
보고 싶어 내가 운다

보리밭 종달새만 울어도
눈물이 나고 입술이 마른다

남강물에 멍 띄우고
망경산 아지랑이 쫓는다

기약 없이 기다리고
나 몰래 비 젖어 서 있다

달이 뜨면 달빛 속에 숨어 있고
눈 감으면 바람으로 스쳐 간다

목이 새까맣게 타는 사랑
애간장이 녹아내리는 사랑
열아홉 봄날 그때 그랬다.

복사꽃 Ⅱ

풀잎처럼 싱그럽고
이슬보다 영롱한 당신

해바라기보다 예쁘고
채송화만큼 귀엽다

눈이 시리도록 곱고
조약돌처럼 깔끔하다

봄날에
분홍 연정을 물들이고
강변으로 나를 유혹한
당신은

끝내 만나지 못한
첫사랑이었다.

꿈

첫사랑을 만났다
얼굴 붉히며 눈을 마주쳤다

무슨 말을 할까
무거운 침묵만 흘렀다

살포시 손을 잡았다
백년의 상념이 눈처럼 녹는다

딱 한 번 안아 볼 걸
눈물이 핑 돈다

사랑한다 말해 볼 걸
가슴은
아직도 방망이가 콩닥거린다

개나리꽃

삼월이 가기 전
노랑 저고리 입은 봄이
치맛자락 붙잡고 늘어진다
어사또 도령인가
소복한 다발로 어사화를
울타리에 풀어 내리네

돌 돌 돌 실개천 물소리
감나무 가지 참새떼
봄노래 합창하고
나풀나풀 봄바람에
봄 처녀가 춤추네

건넛마을 황소 울음 터지고
아랫마을 장닭이 길게 홰를 치면
개나리 꺾어 올 이도령 기다리는
나물 캐는 춘향이 새가슴이 부푼다

새싹 붓

남색 물감 찍은 붓이
붓꽃이라 쓰고 있네

노랑 물감 묻힌 붓은
수선화라 쓰고 있네

빨강 물감 풀어 놓은 큰 붓은
진달래라 붉게 쓰고

파랑 물감 찍은 붓은
꽃창포라 글을 쓴다

이것저것 섞은 물감 찍은 붓은
어아리라 써 놓았네

여기저기 봄을 묻힌 처녀 붓이
봉긋봉긋 솟아났네

가는 봄

오는 듯하던 봄이
벌써 간다 가물가물

아지랑이 아롱아롱
노랑나비 팔랑팔랑

벚꽃잎 앞세우고
바람 따라 살랑살랑

님인 듯 정만 두고
물결 따라 흘러간다

가는 봄 아주 가나
사계절이 돌고 돌아
가는 듯 또 오겠지

때죽꽃이 필 때

혼 꽃이 도랑가에 때죽으로 피었다
혹한을 이겨내고 끈기가 볼록볼록 솟았다

벌떼가 머리 조아리고 나비 떼가 춤춘다
꿀이 흐르는 꽃바람에 취해서
개미 진드기 떼 지어 기어 온다

시냇물 웅덩이에 한 무리 피라미 떼
나무 그늘 흔들리면 모였다 흩어진다
떼죽음 이름조차 피라미는 알 길 없다

참새 박새 모여 앉아
지지배배 꽁지 방아로 님 부른다

물소리 새소리 평화로운 봄노래
구름 솟고 바람 불어 봄날이 익어간다

달맞이꽃 연가

언제부터 여기서 기다렸니
님이 오려면 아직도 까마득한데
노랑 저고리 입고 밤이슬 맞고 있네

수많은 별님이 수군거리는데
부끄러워 눈을 감고 바람이 꽃머리 쓰다듬는다

그믐이라 산그림자 헤치고
어스름 길을 내며 새벽녘에 오시는 데
까만 밤을 노랗게 지새도록 사랑합니다

낮달이 오신다면 부끄러워 앙가슴 여미고
밤에만 당신을 기다리며 활짝 웃어요
어둠이 내리면 남몰래 피어나는 꽃
님 마중 나와 부푼 마음
별이 알아 두근거린다

구름아 저리 가거라
님을 바라만 볼 수 있다면
오늘 밤도 마냥 행복할 겁니다

파크골프장에 꽃비 내리네

지리산 석대골 미림팜 18홀
사월의 벚꽃이 훈풍을 데려와
꽃비를 뿌린다
꿀을 따는 일벌 소리
파란 하늘에 동요로 수군거린다
골프 치는 선량들 가슴이
풍선으로 부풀어 탄성이 터진다
와와
봄을 여는 소리가 새어 나오고
이렇게 좋은 날에 이렇게 좋은 날에
꽃바람 노래가 날린다
홀인원이 나오고 어깨춤이 들썩인다
오비 나면 어때
벌나비 규칙 있나
봄바람아 세게 불어라
이미 나는 바람 들었다
봄 따라 바람 따라 꽃비 맞으며
팡팡 터지고 싶어라

제3부 왕등재

등이 높아 왕등재
왕이 올라 왕등재
산조개 산수달 길담비 날담비
숨어 사는 꼬마 잠자리
구름도 수어 넘는다

왕등재

등이 높아 왕등재
왕이 올라 왕등재
산조개 산수달 길담비 날담비
숨어 사는 꼬마 잠자리
구름도 쉬어 넘는다

바다 솟아 습지인가
빗물 받아 늪지인가
재 넘어 참매 날고
오봉산 구름 잔다
사람아 오르지 마라
천년을 숨겨 왔다

지리산 유덕골에
람사르 고산 습지
자연 유산 왕등재
내 고향 보물단지
가야를 등허리 메고
구형왕이 넘어 간다

구절초

구절초 동산에
사람 꽃이 넘친다
단풍나무 붉나무 화살나무가
붉은 가을옷으로 갈아입었다

싸리나무 철쭉나무 떡갈나무 잎이
노랗게 분칠을 한다
구절초 쑥부쟁이 들국화가
너 나들이하며
소금꽃으로 바람에 물결친다

국향은
새색시 분 내음으로 깔리고
코스모스 끼어들어 손을 높이 흔드네
하늬바람 장난에
하얗게 뒹굴며
간들간들 파도를 탄다

동의보감촌 무릉교

왕산에 허리매고
필봉에 구름 잡아
이쪽에는 귀감석
저 건너 구절 동산
무릉계곡 옥구슬 약수
발 아래 흘러간다

견우직녀 손잡고
내 마음도 울렁울렁
중천中天에서 출렁출렁
산 까치야
구름다리 칠석날 띄워라

시월의 구절 약초
왕산에 만발하고
허준의 약단지
만병초 꽃이 피면
오백 년 항노화 기운
온 누리에 뻗친다

무제치기 폭포*

천왕봉 안개 모아 풀잎에 싸고
써리봉 이슬 모아 칡잎에 담아
은하수 별을 모아 무지개로 그린다

천왕 할매 전설 엮고 마고할미 주술 담아
장당골 혼불로 대원사 종소리로
골바람 찬 서리로 안개비를 뿌린다

삼국의 창칼이 번득이고 백성의 흰 피가 튄다
왜놈의 딱총 소리 한민족의 한숨 소리 토한다
전쟁으로 산화한 청년의 한 맹물로 퍼 나른다

부질없고 소용없다 욕심 품다 사라졌다
산을 닮고 물을 닮아 순리대로 흐르거라
뇌성처럼 큰소리로 천년을 외친다

*지리산 써리봉 아래 무지개가 서려 있는 폭포

겁외사*

산은 엄혜산이오
물은 남강물이로다
묵실 밭에 풍경 소리 댕그랑
지팡이 짚고 우뚝 선 성철 선사

천 불자 두 손 모아 친견할 제
삼천 배 하라시며 허공으로 눈을 뜬다
억겁이 흘러가도
엄혜산은 산이요
남강물은 물이로다

중생들아
너그들 우째알 것노 그자

성철스님 떠날 때 한 말씀
내가 한 말은 모두 거짓말이다
나는 아무 말도 안 했다고 말한다

*산청군 단성면 묵곡리 성철스님 생가에 조성한 절

보리타작

지게가 가난을 지고 마당으로 걸어 들어온다
껄끄러운 보리 이불이 두툼하게 눕는다

도리깨가 신나게 춤을 춘다
삼베옷에 보리알이 매달리고
엄마의 가슴에는 보리죽이 끓는다

감자 삶아 새참 온다
국수 삶아 님이 온다
이쪽 때리고 저쪽 때려라

타작마당 보리알 튀고
이마에 땀방울 튄다
어깨춤이 절로 난다

우두둑우두둑
지나가는 소나기가 보리를 깔고 앉는다
젖은 옷은 쉰내 나고 더위가 바람을 삼킨다
오늘 타작은 반타작이다

가뭄

체관이 쩍쩍 물관이 바싹바싹
아스팔트는 아지랑이 난로
시멘트 바닥은 찜질방
운동장은 동네 사우나탕

머루 줄기가 더위를 휘감고
호박 넝쿨이 문어발을 오그리고
진도가 혀를 물고 침샘을 판다

논바닥은 거북 등을 짊어지고
저수지는 모래 뱃가죽이 보인다
새들도 숨고 인적도 끊겼다
열대야가 이사 와서 눌러앉았다

밀림 아이스케키 맘보 아이스케키
생각나고
모시 옷고름 풀고
얼음 띄운 동동주 한잔하고 싶다

선물

강아지풀 흔들리듯
살포시 웃어라

보리 콩 냄새 맡듯
달싹달싹 웃어라

족두리 꽃 팔랑이듯
가볍게 웃어라

숨통이 터져라
목련꽃처럼 웃어 줄게 너에게만

산들바람에 홀씨 날 듯
새벽 풀잎에 안개비 내리듯
잡히지 않는 쌍무지개로 떠 있자

나에게는 방긋 웃는
네가 최고의 선물이다

보릿고개 I

선풍기가 더위를 돌리고
왕매미가 배꼽을 잡고 노래하는데
밥상 위에 불시착 꼬마 드론

신경질이 비행 물체에 박히고
손바닥 실금 나게 부딪친다
파리채 폭격이 쏟아진다

우리가 아니 내가 얼마나 먹겠소
밥알 하나면 만족하오
자연식 창고 논밭도 줄어들고
그 좋던 푸세식 곡창도 사라졌네

오뉴월 장마철에 어딜 가겠소
배고파 꼼지락거리는 아가 생각에
엄마는 앞발로 싹싹 빕니다
제발 한 입만 먹고 가겠소
우리는 오늘이 보릿고개랍니다

포장마차

사랑하는 내 님의
달콤한 입술이 그립구나
비 오는 날이면 더욱 보고 싶어
콧노래 흥얼거리며 만나러 간다

그 님 목을 잡고
마른침을 삼키며 내 곁으로 기울인다
입맞춤이 끝나고 캬…
습관적인 하루의 피로를 토한다
스쳐 간 그녀의 이름을 부르며
가물가물 추억을 소환한다

처음처럼 불러 본 너의 고운 입술 참이슬
밤이 깊도록 속삭였던 그날 밤은 좋은데이
어디로 가야 하나 아롱아롱 나의 진토
속 시원하게 맺힌 멍을 풀어준 하이트 형 테라형
세월 따라 첫정 주고 떠나버린 그녀들

소춘아 영월아 금복아
독한 여백만 남겨 놓고 가버린
무정한 내 님들

콧노래

인사할 때 코를 본다
흠잡을 데 있나 관상을 훑는다

욕심 많다 주먹코
속 보인다 들창코
고집 세다 매부리코

내 코보다 잘생겼다
어쩜 좋아 탐난다

소복한 쌀밥 그릇 복스러운 복코
예쁘고 발그레한 딸기코
함차고 용맹스런 왕건이코

생긴 대로 외쳐보고
또 보고 킥킥킥

날이 선 화살코
닮았다 돼지코
우습구나 말코

보릿고개 II

갓난아기 고개 넘어갈라
고개 다칠라 베개 바로 베거라
내가 누구인지 고개 갸우뚱

추풍령 육십령 곰배령 미아리 고개
다리 끌며 지팡이 잡고 숨 가쁘게 넘는 고개
빵 고개 떡 고개 라면 고개 어디 갔나
보릿고개 배고픈 고개 껄끄러운 고개 왜 넘나

오뉴월 배고플 때 힘들게 넘는 고개
할머니 할아버지만 넘어간 옛 고개
입에 거미줄 치고 똥구멍* 찢어진 고개
보리 알갱이 여물면 신기루로 사라진 그 고개

---

* 보리가 여물기 전 초근 목피로 먹어 소화되지 않은 배설물로 항문이 찢어진 가난살이

고추잠자리

소낙비 멈춘 구름 바닷속
하늬바람에 고추잠자리 헤엄친다

고추 없는 고추잠자리
고추밭에 앉고 싶어 맴도는가

가을 햇살 물고
빨간 고추 맵게 익어라

초가집 마당 멍석 깔고
허공을 날아 붉은 금실 긋는다

호호 불어라
맴맴 돌아라
고추 먹은 고추잠자리
고추밭에 빨갛게 열려라

소망

청룡이 태양을 물고
수평선을 차올라
어둠을 걷어냅니다

찬바람은 산을 내려와
살갗을 파고들어
콧물을 짜냅니다

해님에게 급한 소망을 부탁합니다
추운 곳에 따뜻한 빛을
배고픈 곳에 빵과 곡식을
전쟁터에는 평화의 종을 울리소서

아픈 이에게는 고통을 잊게 하고
슬픈 이에게는 함박웃음을 주고
괴로운 이에게는 행복을 함께 하도록
새해 아침 두 손을 모읍니다

선녀는 없는가

엄혜산* 솔가지에 해 걸린 오후
산그림자보다 먼저 대숲이
양천강*에 들어앉았다
물속에 긴 목을 두리번거리며
살랑살랑 목욕을 몰래하고 있다

백조 한 쌍이 자맥질하며
풍당풍당 날개를 퍼덕거린다
대숲은 통째로 윗옷만 걸치고
산에 올라 숨죽이고 시침떼고 있다

피라미가 돌 틈 사이로 눈만 빼꼼 내밀고
별과 달이 오려면 한참을 기다려야 한다
강기슭에는 사람과 바람이 줄지어 걷는다
새까만 가마우지 떼는 물속으로 숨어 버렸다
낮에는 새들이 놀고 밤에는 별과 달이 들어앉는다

* 엄혜산 : 산청군 신안면과 단성면에 있는 산
* 양천강 : 황매산에서 발원한 물 합천군과 산청군을 거쳐 경호강과
  합류하여 남강으로 흐른다

까치 다리

내 이름은 애기똥풀
엄마가 몰래 준 사랑과 정성의 꽃말
양귀비꽃보다 예쁜 이름이지요

제비꽃 왈
뭐 애기똥풀이 예쁜 이름이라고
그럼 개똥 쇠똥도 너희 식구냐

내 자태를 좀 봐
봄 마당 어미 닭을 뒤따르는 노랑 병아리야
연두색 이파리에는 털이 뽀송뽀송하잖아

이름에서 구린내 지린내도 나고
개새끼 한쪽 다리 들고 질금질금 흘리고
좋냐

봄 치장한다고 연노랑 물감을 묻혔더니
애기똥풀 엄마가 불러준 애칭이죠
진짜 내 이름은 까치 다리 참 이쁘지요
쭈쭈 빵빵 꽃 모델 출신

묵사발

하얀 사발 안 상수리 녹음이 일렁이고
가을 햇살에 굴밤이 대구루루루 구른다

참나무 껍질이 뻥튀면 포도주가 꼬르륵
연분홍 얼굴에 사랑이 샘처럼 솟는다

다람쥐 부끄러워 도토리 움켜쥐고
누구 맘에 숨겨둘까 까치발로 망을 본다

팔천 원 한 덩어리 침샘을 간질이고
가슴팍에 박힌 떫은 육자배기를 토한다

인생 역전 로또 복권 한방에 당겨라
청자기에 금수저 얹고
심봤다 심을 봤다
근사한 바리톤으로 보리밭 부르며 고향 가련다
이번에도 꽝 묵사발 로또

힘을 빼라

방목 파크 골프장 왕초보 열다섯 명
동그라미로 빙 둘러서서 몸을 풀어 놓는다
머리 어깨 허리 엉덩이 무릎을 돌리고
손뼉 치고 두드리고 하하하 웃는다

티잉 그라운드 티샷
허리는 직선 양발은 일자로
홀 컵을 바라보다 왼눈은 볼에 두고
양팔은 삼각으로 클럽을 잡고
거리 따라 백스윙을 조절한다

주위가 안전한가 살펴보고
힘껏 내려치니 덜컹 오비 났다
억센 힘 켜켜이 달라붙어
골프장까지 따라왔나

욕심을 내려놓고 전신 힘을 빼니
몸은 새털구름
볼은 홀 컵 가까이 멈춘다
이글 버디로다
골프장 부처 마음 가볍게 걷는다

평화의 댐

국민 성금을 모아서 평화의 댐을 만들었다
서울 광화문 네거리 차 벽 댐이 위험하다
물 없는 물난리가 군중을 휩쓴다

댐 안 사람은 밀려오고 밀려가고
일각이 여삼추 깃발만 파도친다
함성에 요동치는 대한민국
인파는 바닷물로 출렁인다
광화문 댐을 더 높이 쌓아라

이순신 장군 폭죽에 눈 아려
긴 칼 잡지 못하고
세종대왕 소음에 귀먹었다
나라 말씀 사맞디 아니홀세
일 나겠네 일 나겠어
모두들 정신 차려
국민 성금 차 벽 댐이 길게 늘어섰다

그물

가로등 아래 걸쳐 놓은 거미줄
거미줄에 매달린 잠자리가
그네 타며 우쭐거린다
파도가 그물을 출렁출렁 흔든다
밤섬 바다에 쳐 놓은 어부의 그물망
물 위로 헤엄치는 잔챙이만 걸렸다
어부는 모두 뜯어내 어판장에 경매하고
욕심 없는 거미는 날파리 한 마리 식사하고
모두 잡지도 않고 팔지도 않는다
거미는 그물을 여러 채 걸지도 않는다
달랑 바람 그물 한 채 걸어두고 먹을 만큼만 잡는다
그물이 찢어지거나 돌돌 말려 뭉쳐지면 수리한다
중국산 거미줄을 치거나 폐그물을 바다에 빠드리지 않는다
순리대로 살아가는 거미나 돈벌이 욕심에 싹쓸이하는 어부나 촘촘한 그물코가 문제다
값나가는 한류성 연어 청어 명태 대구는 떠나고
값싼 난류성 고등어 부시리 다랑어가 걸린다

제4부 서울의 별

길 위에 별들이 강물처럼 흐른다

길가에 별들이 주렁주렁 개달려 있다

빌딩에 별들이 은하수로 오르내린다

서울 하늘 별은 ㅈ고 깜깜한 동굴이 되었다

봉래산에 오르면

비린내 질퍽이는 자갈치 마당
아지매 치맛자락이 빠르게 헤엄친다

파도가 밀려오면 영선동이 출렁이고
영도가 물에 떠 흘러간다

기울어진 통통배가 피난민을 쏟고
산비탈 판자촌에 불이 켜지면
봉래산이 야경 되어 빌딩으로 세워진다

마고 할멈 촛불 밝혀 영도다리 추켜들 때
마중 나온 갈매기 떼 노래하고 춤추네
용두 등대 깜박이면 고깃배들 흔들흔들
오늘은 만선이다 신이 나서 덩실덩실

용추폭포

하늘이 좁아 구름이 느티나무에 걸리고
계곡이 깊어 햇살이 수직으로 내려앉는다

느티나무 지붕 덮고
절벽 바위 울타리 쳤다

폭포수가 용을 물고
뇌성을 지르며
용소로 뛰어내린다

살갗에 털이 서고
심장에 소름이 돋아
싸늘한 기운이
심연으로 잠긴다

세월을 휘감은 무지개가
무상의 띠를 두르고
소리꾼은 심오한 득음으로
기백산*을 흔든다

* 기백산 : 함양군 안의면 용추폭포 뒷산 1,331m

필봉

선비의 기상이 하늘로 솟았나
숲이 어두워 촛불을 밝혔나
지리산의 한 많은 사연
먹물로 찍어 하늘에 역사를 쓰려나

산청 함양 양민들은 붓을 붙잡고
거창 신원 양민들이 붓끝에 매달린다
빨치산 토벌군이 붓을 꺾고
인민군과 국군이 핏물을 튀긴다

낡은 글자는 흩어져 새털구름이 되고
부치지 못한 군사 우편은 조각구름 되어 떠돈다
못다 한 말 억울한 사연
매서운 마칼 바람이 전깃줄에 걸려 울고 있다

필봉아
비 오기 전에 바람 불기 전에
왜 왜 왜 어째서 어째서
한 문장만 써보렴…

서울의 별

서울의 별은 땅에서 솟는다
잠실벌 롯데월드 유성이 오르내린다
올림픽파크텔 한 별이 떠 있다
테라스에서 뭇별을 내려다본다

오는 별은 노랑별
가는 별은 빨강별
아스팔트 위에는
별이 차를 매달고 깜빡거린다

길 위에 별들이 강물처럼 흐른다
길가에 별들이 주렁주렁 매달려 있다
빌딩에 별들이 은하수로 오르내린다
서울 하늘 별은 지고 깜깜한 동굴이 되었다

하나씩 밝게 빛나는 샛별
교회마다 은총이 내리는 십자성
한강 다리 위 촘촘한 은하수
빌딩마다 반짝이는 별똥별
서울의 밤 별은 땅에서 반짝거린다

감천항 문화마을

며칠 있다 고향 간다
임시 천막 둘렀건만
부모 형제 이산가족 꿈엔들 잊었을까
해풍에 양철 지붕 들썩이고
산비탈 무덤 사이 판자촌 생긴 지 75년

뱃고동 소리 고향 소식 묻어올까
북두칠성 바라보며 두 손 모아 빌어온 한평생
부모 형제 별똥별로 사라지고
오르고 오르다 망부석이 된 감천항 뒷동산
벼랑에 매달린 장난감 집
색동옷 입고 광대춤을 춘다

햇살에 바랜 늙은 담장 너머
뱃고동만 울리는 감천항
늘 솔길은 안개 비만 자욱하고
숨 가쁜 비탈길 담장엔 문화꽃 피었다
내 고향 대동강 강변에도
들꽃 피는 봄이 왔겠지

티티카카 호수*

안데스산에서 자연으로 살다가
방울방울 모여 티티카카 노래하며
하늘 닿은 산마루
호수에 들어앉았소

갈대 옷을 입은 사람 갈대 모자를 쓰고
갈대 방석을 엮고
갈대 망태를 만든다

갈대 배가 노 저어 가면
티티카카 호수는 어디든
어장이 되고 논이 되고 밭이 된다

콜라 사이다 코카잎 제물 차리고
하늘 호수 갈대밭에 절을 올린다
마마코차 호수 여신님 페루를 도와주세요

티티카카 티티카카
물새도 기도한다

*페루 3,820m 고산 지대의 호수 1532년 페루는 스페인에 침략됨

산수유

지리산 꼭대기 잔설은
삼월의 봄을 두 팔 벌려 막고

섬진강 살랑 바람은
하동 산비탈 녹차밭
새 주둥이 속잎을 잠 깨운다

구례 산동마을 산수유 첫 꿀 따러
벌나비가 어깨춤을 추고
노란 꽃대궐 축제 따라
상춘객은 꽃 파도 일렁인다

추위에 깨어난 일등 꽃 축제
봄맞이 오라고 노란 터 밭 달고
아롱아롱 아지랑이가 꽃잎을 간지럽힌다
산수유가 산동마을을 떠밀고 다닌다

장사 수단

뒷골목 국수집 간판 메뉴
물국수 비빔국수 콩국수

날씨가 찌고 땀이 샘 솟고
갈증 따라 입맛이 줄행랑친다

물국수 세 그릇 물국수 안 됩니다
콩국수 세 그릇 국수는 안 됩니다

왜 안 되나요 먹고 싶어 왔는데
손님은 풋살구 맛 주인은 생감 맛
정식이나 쌈밥은 됩니다
눈꼬리 치켜뜨고 입꼬리가 찢어진다
친절은 사절 특수 메뉴는 장사 수단

짜증나고 바쁜데 와서 죄송해요
다시는 안 올 게요 무서워 그냥 갑니다

시골 장터 뒷골목 땡볕만 만원이구나

미녀봉

파란 하늘 배경 삼아
초록 능선에 미녀가 누워 있다

약간 치켜든 주걱턱
탐스럽게 솟은 유방봉
그 아래 토끼가 욕심내는 유방샘
헬기도 품어주는 평평한 아랫배

훤한 이마 뒤로 길게 늘어뜨린
미인의 머리칼은
미남들 앙가슴을 방망이질한다

거창 꽃창포 꺾어 와서
사방 댐에 풀어 머리 감고
가조 온천 목욕하고 요염하게 누워 있다

우두산 남정네가 뿔 세우고 달려들고
y 다리 출렁출렁 내 마음은 울렁울렁
백두 온천물 튀긴다 살금살금 엿보아라

송포 1357

사천만 쪽빛 바다
비토섬 바라보고
거북이 토끼 업고
파도 타고 우쭐우쭐

갈매기 날갯짓에
용궁길 터지고
물안개 너울너울
와룡산이 떠 있다

서포마을 뻐꾸기 소리
해풍에 실려 오고
죽방렴 멸치 떼가
노을을 물고 온다

송포 찻집 커피 향이
시심을 깨우고
단항마을 유채 향이
연육교를 건너온다

내 별

가을바람 서늘한
강둑에 홀로 서니

초저녁 손톱달이
산 끝에 매달렸네

손 시린 샛별 하나
달 동무하자 손짓하네

새벽잠 깨어나
동녘 하늘 바라보니

더 밝은 샛별 하나
산마루를 넘어간다

저녁별은 수줍은 너의 별
새벽별은 너를 찾는 나의 별

독도

화산 폭발로 동해 바다에 솟은 섬
용암은 물 밑 암초로 빙산의 일각만 나왔구나

우산봉 칠십도 절벽에 매달린 그 이름 동도 서도
응회암 바윗덩이 섬 코끼리 놀고 촛불도 켰구나

섬 사철 참나리 개까치수염꽃 패랭이
풀 나무 곤충 진딧물 쪽배 타고 왔을까

갈매기 괭이갈매기 백로 황로 철새들
오며 가며 쉬는 쉼터 바람도 차갑구나

물개 거시기 맛보고 해구신 된 물 건너 범고래
36년 도둑질도 모자라 제 것이라 우긴다

식물은 육십 여종 철새 곤충 동물은 백육십 여종
수산자원 지하자원 동해 보고 우리 섬 독도라네

티티쿠티 고동

인도 티티쿠티 사람들
힌두교 의식 행사
소라고동 불어 댄다

죽은 자를 위로하고
산 자의 평안을 기원하고
신을 부르며 뿔고동을 길게 분다

어부들은 배 타고 바닷속에서
알루미늄 원반신 신고
빔 손잡이로 잡고 모래를 헤쳐
소라고동 껍질을 잡는다

티티쿠티 고동은 가진 자의 자랑이고 외침이다
뿔고동 예쁜 소리 대신
티티쿠티 티티쿠티 뿔이 나서
힌두교를 들이받는다

노을 인생

타는 냄새가 나야 고기 굽는 줄 알고
탁자 위에 빈 약봉지 두어야 먹은 즐 안다

눈에는 잠자리 날개가 앞을 가리고
귀에는 겨울철인데도 모기가 울고 있다

냉장고 문 열고 한참 멍때리고
작은 방에 무엇 하러 왔나 우두커니 서 있다

달이 차면 기울고 물이 차면 넘친다
어릴 때 네 발로 황혼도 네 발로 살살 긴다

오는 세월 막지 못하고 가는 세월 잡지 못한다
허물도 욕심도 버리고 아름다운 노을로 물들자

내 핸드폰 어디 갔지
그만 전화 끊어라

정자항 해맞이

파도가 자갈을 사각사각 밀어내고
둥근 불덩이를 동해 위로 건져 올린다

붉은 빛살이 어둠을 걷어내고
예쁜 정자항을 스케치한다

홰를 치며 마을을 울리던 닭 소리
여명에 멀어져 가고
소용돌이 해풍에 차가운 귀를 만진다
청룡이 해를 물고
순식간에 하늘로 뛰어올랐다

동해가 소원을 반짝거릴 때
출항선 고깃배가 통통거리며
해맞이를 삼켜 버렸다

지난해 물결은 가물가물 사라져 가고
새날의 희망이 동녘을 붉게 물들이고 있다

꽃비

벚꽃 비 휘날리는 진양호
빛바랜 옛 기와지붕 아래
삽사리 먼 산 보고 웃을 때
양철 대문 기대선 허리 굽은 외할머니
흐르는 남강물에 꽃배 탄 영감 마중한다

찔레꽃 만발한 오월의 뒤 언덕
남실바람 불어와 하얀 꽃비 날리면
까치집만 한 땔감 솔가지 입에 물고
뒤뚱뒤뚱 펭거들 외삼촌이 울 바위를 지고 온다

마산항 친구

천주산 진달래 봉오리가
분홍 나비로 팔랑이고
용마산 생강나무
노란 꽃 뻥튀기

팔순 잔치 친구들 그리워
농익은 봄이 만날재 넘어오고
가포만 잔물결 헤치고
외항선이 뱃고동을 풀어놓는다

기분은 검정 교복 입은 고등학생인데
머리는 서릿발 내리고
이마에는 석 삼자 써놓고
얼굴에는 깨꽃이 피어난다

그리우면 구름을 타고
보고 싶으면 바다를 안고
달이 담긴 탁주 일 배 마시며
보고 있어도 보고 싶은
마산항 친구야 우정을 살찌워보자

돌아와요 네

시월의 바다 위를 그리움이 떠간다
삼천포 남쪽 섬들이 떠내려간다
남색 파도 위에 신수도가 우쭐대고
사량도 욕지도가 가물가물 그려졌다

용궁 수산시장
숭어 방어 전어가 펄쩍 뛰고
갯마을 비린내가 부둣가를 비질한다
노산공원 삼천포 아가씨는
봄부터 기다림에 속살은 발갛게 타고
오가는 고깃배 심장 뛰는 통통 기침에
치맛자락 휘날리며 님이 올까 수평선을 바라본다

화력발전소 굴뚝 흰 구름 말아 올리고
목쉰 갈매기 끼룩끼룩 바리톤이 탁하다
명태 오징어 바닷물이 뜨거워 도망가고
빨랫줄에 몸 말리던 대구 아재 쥐치 꼬마 어디 갔나

아 옛날이 그립다
돌아와요 네
삼천포 내 고향으로

대방진 굴항 大芳鎭 堀港[*]

남색 물빛 허리 둘러
태극 문양 아랫동네

조롱박 속
배들이 옹기종기 떠 있고
다닥다닥 붙은 굴 따개비
어촌 마을 이루고 산다

거북선 상할라
굴항에 민물을 담아라

호암석축 護岩石築을 쌓아라
조롱박 속으로 배를 숨겨라

남해를 동공에 넣고
장군은 대방진을 호령한다

* 대방진굴항 : 임진왜란 때 이순신 장군이 이곳에 거북선을 숨겨두고
  병선에 굴이 달라붙지 않도록 민물을 채웠다는
  삼천포에 있는 정박항 조롱박 모양이다

청사포

해운대 청사포
달맞이 고개 아래
다릿돌 전망대에 오르면
푸른 아가리 벌린 뱀이
동해를 집어삼킨다

통통배 타고 현해탄 건너간 님아
아침 해 뜨면 오려나
물안개 거치면 오려나
수평선 저 멀리 그리움만 남실거리고
태고의 순결로 모래알 쌓여
백사장 되었구나

보고픈 님아
하늘과 파도가 맞닿은 바닷가 저녁
그믐달이 지기 전에 별로 나와 반겨주오
그리움이 뭉쳐
새까맣게 속 탄 몽돌 되어
사르르 사르르 몸부림치며 구른다

제5부 가오리연

빈 하늘 말아 내 안에 담고
저 푸른 광야를 고속으로 눈에 담아
심연으로 내려가 모래 속에 묻어두자

달집

내 집이라 함부로 부르지 마라
처음부터 무주택자다
낮에는 일 나가고 밤에만 나온다

솔가지 대나무 짚으로 동여매고
달집이라 부르는데 재산세 나온다
얼른 태워 없애자

새신랑 불방망이 집어넣고
복전 놓고 생남 기도
꽹과리 징 소리에 잡귀들 줄행랑

탕탕 펑펑 통대 타고
사그락사그락 생솔 탄다
어매 할매 두 손 모아
정성으로 소원 빌 때
손바닥 불티난다

가물가물 별 친구 멀리 가고
달 친구 알몸으로
동산 위에 둥실 떴다

흘러가는 연민

강과 강 사이 산이 높게 흐르고
산과 산 사이 강이 낮게 흐른다

너와 나 사이 적막이 흐르고
하늘과 땅 사이 실바람 여우비 흐른다

나에게로 흘러오는 것은
사랑의 메아리이고
너에게로 흘러가는 것은
오랜 연민이다

흘러야 강이 되고 바다로 간다
강 따라 세월 따라
너와 나
남실남실 흘러가 보자

작전명령 제5호*
– 산청 함양 양민 학살 추모 공원에서

오봉골 맑은 물 모아
호수로 단장함은 늬 죄를 씻으리오
갈바람 단풍잎 굴러와 늬 한을 덮으리오
해마다 부는 눈바람
왜 그리도 세차게 방곡리에 쏟아지는고

원통하고 분통 터지고 미쳐 버려도
방곡리는 아직도 벙어리 작전 중이다
떠도는 영혼들 어쩔 거냐고

1951년 2월 2일
국군 11사단 9연대 작전명령 제5호
'미복구 지대 주민은 전부 총살하라'

담배 삼지와 두루마기 동백꽃으로 떨어졌다
무명치마 저고리에 장미 꽃잎 휘날리고
때때옷 고깔 신발에 제비꽃이 피어났다
오봉산 까마귀들 소리 없이 70년을 홀로 울고 있다.

* 1951년 2월 2일 국군 11사단 지리산 동부 지역 빨갱이 소탕 작전 명령

가오리연

심해를 기어다니던 가오리가
비늘을 털고 하늘에 올랐다
꼬리를 살랑이며 우주를 자맥질하고
방패연 독수리연과 헤엄을 친다

어부의 낚싯줄에
코를 꿰었다가
잠깐 보고 떨어졌던
그 하늘이 나의 영토다

빈 하늘 말아 내 안에 담고
저 푸른 광야를 고속으로 눈에 담아
심연으로 내려가 모래 속에 묻어두자

잠자리 떼 휘몰아 솟아라
구름 조각 입에 물고 솟아라
얼레야 빙글빙글 돌아라
명주실에 코를 꿰어 어지럽구나
수구초심 곤두박질로 꿈을 깬 가오리연

반달

까만 도화지에
새 쟁반이 깨어졌네
반쪽은 누가 주워 갔나

도깨비가 숨겼다
다음 장날 밤에는
둥근 새 쟁반 사 올 거야

괴수 나무 토끼를 그리고
맛 나는 별 과자 닮을 거야

아이 신나
별을 헤며 파란 꿈을 먹을 거야
네 살 아이 손가락이 시를 쓴다

겨울 꽃밭

문풍지 우는 섣달
달도 별도 시린 밤에
거울 속 낯선 이가 보인다

얼굴 가득 저승꽃이
활짝 피었네

하얀 버즘 꽃
까만 검버섯 꽃
쪼글쪼글 주름 꽃
조랑조랑 사마귀 꽃
거뭇거뭇 죽은 깨꽃

부지런히 살아온 흔적 꽃
어울리며 살아온 동행 꽃
신이 내린 일생의 훈장 꽃
한평생 선하게 살아온 마음 꽃

노인은
철 지난겨울 꽃밭에서
저녁노을을 그리고 있다

두 살 손자

뒤뚱뒤뚱 걷는 모습은 펭귄
살금살금 네발로 기는 모습은 두꺼비

엄마 아빠 할미 할삐
한국말 창시자이고

타박타박 삐틀삐틀
지구를 흔들고

깡충깡충 뜀박질에
리모컨은 사라지고
차 열쇠는 숨바꼭질

귀요미가 뛰면 요술 방망이
네발로 살살 기면 마술쟁이

시월의 마지막 밤

시월의 마지막 밤
노랫가락이 병실에 자욱하고
서산에 걸린 햇살이
복도 안쪽까지 길게 들어앉았다

목발로 어깨를 높인 사람
휠체어로 바퀴를 굴리는 사람
수액을 매단 스탠드 봉을 잡은 사람
복도가 운동장인 양 분주하게 걷고 있다

찌푸린 얼굴 초점 흐린 눈빛
축 느러진 팔다리
마스크로 얼굴을 가리고
한 걸음이 하루를 더 사는 것같이
왕복으로 생명줄을 그리고 있다

ㅎ병원 4층 입원실
침실마다 누에들이 꼬물거리고
고무줄로 이승과 저승을 잇고 있다

귀빠진 날

일본 간 사이 비행기가 낮게 깔려
양철을 찢는 경음으로 뛰어간다
미군 B29 비행기가 뇌성을 토하며
구름을 밀어내고 하늘을 가른다

딱따구리 참나무 구멍으로 빠져들고
사람들은 미어캣처럼 반공호로 뛰어든다

다리 목 지서에 오포가 길게 울 때
계미년 유월 스무 나흗날 정오
엄마 배꼽을 잡고 귀가 빠졌다

덕교 댁 씨알 아들 보았다고 아빠는 왼쪽으로
새끼줄을 꼬아 숯덩이 고추 솔가지 꽂아 금줄을 친다
자실 할배 소나무처럼 곧은 호와
쇠북처럼 길고 영원하라 이름 주셨다

이름값으로 평생 학교에서 종소리 들었다
고향 송정松亭마을에 송정松貞이 살고 있다
노래를 부르면 노래대로 살고
이름을 부르면 이름값대로 산다

엄마의 장터

장날 중앙 시장통에 가면 엄마가 있다
재래시장 터줏대감 억센 울 엄마
하늘이 지붕이고 아스팔트가 좌판이다
철마다 중앙시장 인정을 사고판다

봄에는 달래 냉이 쑥 취나물
여름에는 오이 가지 호박 고추
가을에는 무 배추 토란 당근
겨울에는 땅콩 밤 감 고구마

버티어 내야 된다
아이들 연필이고 공책이고 책이다
보리쌀 밀 콩 연명 줄 밥상이다

깎아주고 덤 주고 인심 주고 살아간다
노란 완장 호루라기 무서운 걸림돌
가보자 장날 엄마가 보고 싶다

그곳에 가면 달고나도 먹는다
태야 덕아 엄마한테 뛰어가보자
시장통에 가면 울 엄마가 살아 있다

암호 풀이

태정태세문단세 예성연중인명선
할배 그거 뭔 소리고 역사 공부 아이가
무슨 공부가 그렇노 마 할배는 그리 공부했다

광인효현 숙경영 정순헌철 고순
와그리 많노 중국말 공부가
아이다 조선시대 왕 이름 아이가
시끄럽다 고만해라 핸드폰 두드리면 다 나온다

빨주노초파남보 그 소리는 뭔데
무지개가 떴다 아이가 일곱 가지 색깔
맷놓나풀 견가있그 더더덧 목미되
맺는꼴 놓는꼴 나란히꼴 풀이꼴 글꼴이란다

쓸데없는 헛공부 많이도 하였네
헛소리 그만해라 폰 없으면 머리에 저장한다
6호라 그런지 헛소리가 대순기라

산에 가서 찔레순 삐삐 송구 먹어 봤나
깨금 뻘똥 망개 머루 다래 따무 봤나
느그는 마 무슨 소리인지 모를끼다

낚시

파란 쪽빛 여백에
세월을 드리우고
시를 낚는다

지렁이 기어가는
꼬부랑 시심으로
잔물결 하얀 파도
석양이 노래 부른다

심해로 내려가
모랫바닥 엎드린 넙치
파묻힌 광어
껍데기 뿔고둥도 줍는다

물지 않는 시를 찾아
빈 낚싯대 붙잡고 도깨비와 씨름한다

칠흑 같은 밤낚시
잔챙이에 군침 돌아
세월 가는 줄 모른다

까치가 운다

어아리 꽃잎 나풀거리고
분홍 울 장미 담 넘어 얼굴을 내밀 때
아침 밤나무 위에서 까치 한 쌍
공지 방아 찧고 손님 온다 외친다

반세기 전 황매산 기슭 국민학교 졸업생
ㅎ 군과 ㅅ 양 한 반 커플 되어 스승의 날에 찾아왔다
죽도 어시장 대게 한 상자 삶아 지고
환갑 지난 제자 팔순 담임 찾아왔네

방산 업종 연구 박사
자주국방 초석 닦은 제자
살아 있어 고맙다고 넙죽 절한다

경사 났네 경사 났어
나라 사랑 세종대왕도 오시고
자비로운 부처님도 오신 날
예순네 명 제자 불러 소풍 가고 운동회도 열었다
지난 세월 안주하니 대게가 옆으로 걷는다

첫걸음

아슬아슬
얼음 판 위를 걷는다

양팔로 허공을 헤엄치며
한 발을 옮겼다

어이쿠
살얼음이 깨어지고
네 발로 지구를 거꾸로 들었다

비틀비틀 몸을 비틀며
한 발을 또 옮겼다

콩마당 팥마당일까
도르륵 미끄러진다

마장동 회포

지리산 남쪽 동네 팔순 된 영감 할멈
종합병원 짊어지고 아산 마을 문진 왔네
자상한 딸 사위 서울 구경시켜 주고
씀씀이 좋은 아들 물 좋은 구이집에
등심 안심 차려놓고 인심도 풀어 놓네

연한 암소가 입속에서 침샘을 들이박고
차돌박이 육질이 양념 묻혀 혀를 돌려찬다
소주가 빈 병을 세워 놓고
옛날을 소환해 호통을 치는구나

다섯 살 어린 것을 먼 길 유치원
왜 혼자 보냈나
꿈 많은 대학 2학년 왜 강제 입영시켰나
국민학교 때 전학은 왜 4번이나 했나
내가 무슨 생각을 하는지 관심은 있었나

미안하고 면목 없다 용서해라
맞벌이 엄마 아빠 소풍 운동회 한 번 못 따라갔다
아들딸 구별 말고 하나만 낳아 잘 기르자
구호를 외치던 정책

그 시절 그렇게 살기가 힘들 때

아들딸 셋을 낳아 잘 키우려고 노력했다
키우기는 뭘요 그냥 방목했지요
마음과 몸이 건강한 너희들 보니 살아온 보람 있다
고맙고 감사하다
너희는 나라의 버팀목이고 효자다

아이 울음 그친 농촌은
학교도 마을도 사라져 가는구나
엄마 아빠는 일찍 인구 절벽 눈치챘다
선견지명 있었단다 하 하 하

마지막 날

오늘은 2023년 12월 31일
북풍이 세차게 불어오고
눈발이 펄펄 흩날립니다
나무들이 맨살로 떨며 흔들립니다

내가 사는 날이 오늘뿐이라면 어쩜 좋을까
하루살이처럼 살지 않겠다
그냥 첫날처럼 살아가련다

아직 쓰지 못한 글
말하지 못한 말
못다 한 사랑이 남았습니다

아무리 부지런히 살아도
사랑받고 사랑해도
마지막 날은 오고야 맙니다

계묘년 마지막 날은
내 나이를 한 살 더 가지고
그렇게 훌쩍 떠나갑니다

갓골 자양 할매

덕산사 석남암사지 석조비로자나불 좌상이 넘어 온
석남리 큰골 길옆 갓처럼 둥근 갓골
자양 할매 감밭에 가을이 익어 간다
까치 한 쌍 내 밥이라고 홍시를 주둥이로 도장 찍고
감이 익어가는 갓골에 백순의 자양 댁이 날마다 내 밭이라며 발자국을 찍고 다닌다
감나무밭에는 산새가 노래하고
자양 할매 숨 고르며 호미를 두드리고
밤에는 옹달샘에 별이 들고 고라니 산토끼가 놀다 간다
새벽녘 멧돼지 목욕하고 감나무 등에 몸을 쓸고
홍시를 따먹는다
산새와 자양 할매 영역 다툼
노랫가락 일 년 내내 갓골 재 넘어가고
회오리 바람 감잎을 앞세우고
빙글빙글 갓골을 돌고 골짜기를 휘젓고 간다
감나무보다 더 억센 자양 할매
백수를 넘겨서도 꼿꼿한 자세 더덕 껍질 같은 손 발바닥
밭뙈기를 지키려고 갓골을 넘나든다

제삿날

오늘은 합동 제삿날
새벽부터 곡소리
온 동네가 야단법석

깨갱 울어 개 소리
꼬꼬댁 울어 닭 소리
꽥꽥 울어 오리 소리
본색 울음 원색 울음

밤새도록 울어 놓고
누가 죽었소 언제 죽었소
아무리 쉬쉬해도 아는 사람은 다 안다

견犬 씨 유酉 씨 압鴨 씨 집안
일차대전 초복 날 대량살상
이차대전 중복 날 무차별 살상
삼 차 대전 말복 날 견犬 씨 유酉 씨 압鴨 씨
집안 씨를 말렸다

날씨 더워 땀 나고 짜증 난다고
이열치열 以熱治熱

그런 이유 아닌 이유로 죽었다

견 씨는 반려견 개명 덕분에
인간 호적 등재
엄마 뽀뽀 아빠 왔다
전화위복 팔자八字가 인人자로 늘어졌다

유 씨는 아주 먼 옛날부터
곡식 모아 부자 된다고
혼례상에 앉아서
신랑 신부 첫 절 받았다

한명회韓明澮 놀던 정자
압구정 동네 들어 봤소
그곳 한강이 내가 놀던 고향이라으

모두들 뼈대 있고 날개 단 집안들
달력에 복날 지우는 것이 역사적 사명
다 죽어 제사는 누가 지낼까

고사목

모진 풍파 오랜 세월
싸우다 죽은 백골 이력
차마 쓰러지지 못하고

면도날 북풍에도
뼛속까지 보이며
북쪽 바라기로 서 있구나

여의고 비틀어진 몸
혁명의 근육이 뭉쳐
하얀 뼈다귀만 남았네

영혼조차 포기할 수 없는 사연
가슴에 품고
끝끝내 버티는 너는
지리산 파르티잔

덕천강 德川江

지리산 가슴팍 속으로만 흘러
산 가랑이 사이로 내려온 강물
나를 잉태한 양수요 길러 준 젖줄이다

고기 잡아 천렵하던 아버지의 강이요
물 길러 밥하고 고동잡아 반찬하던 어머니의 강이요
멱감고 물장구치고 얼음 지치던 우리들의 강이다

갈대밭 일렁이는 강변에 소 먹이고
소복단장 용왕제 엄마의 기도처
황금들판 풍년 농사 아버지의 일터

고향의 강 덕천강에 얼음이 두텁게 깔리면
홑바지 바람 들어와도 스케이트 즐겨 타고
모닥불에 구멍 난 양말 속으로 송곳 바람 드나든다

강가에서 물처럼 흘러온
팔십 년 세월
아직도 너와 함께 흘러가고 있다

*덕천강 : 지리산에서 발원한 물 산청군 하동군을 거쳐 진주시 남강과
　　　　합쳐지는 낙동강의 지류다.

| 해설 |

지리산에 깃든 평화의 서정,
그리고 인간의 귀속감

손근호(시인·평론가)

『지리산 속살 이야기』 시집은 지리산 속에 감춰진 더 깊은 내면의 이야기를 탐구한 작품이다.

시인은 지리산에서 태어나 어린 시절 가난과 전쟁을 겪으면서 산을 어머니처럼, 강을 아버지처럼 기대어 살아왔다. 소재로 등장하는 '별 구름 달 풀 나무 꽃'들은 단순한 자연이 아니라, 시인의 생활과 공간 속에 자리잡은 기억의 저수지이자 존재의 기원이며, 나아가 공동체의 역사와 정서를 담아내는 장소적 상징이다. 또한 이러한 시적 공간들은 단절된 사건들의 무대가 아니라 과거와 현재 현실과 상상이 한데 겹쳐지는 작가의 연출 무대고 창작의 공간이다.

시적 특징 중 하나는 공간을 살아있는 유기체처럼 다루는 능력이다. 풍경은 단순히 묘사되는 대상이 아니라, 시인의 감정과 사유를 받아들이고 변형시키는 주체로서 존재한다. 도시는 은하수와 별빛을 품은 하늘처럼 빛나기도 하고, 바다는 그리움과 상실을 씻어내는 손길이 되기도 한다. 이런 장면들은 감각적 이미지와 철학적 사유가 긴밀히 맞물리며, 독자가 그 장소의 공기와 온도를 온전히 느끼게 한다.

철학자 가스통 바슐라르는 『공간의 시학』에서 "장소는 인간의 기억을 지키는 상자"라고 말했다. 시인의 기록은 이러한 상자를 하나하나 열어보는 과정이다. 그 안에는 물리적 경계와 시간의 흐름을 초월하는 감정들이 담겨 있다. 항구에 서면 단순한 어획의 기쁨뿐 아니라, 이주와 귀향의 사연이 겹치고, 산마루에 오르면 경관의 웅장함뿐 아니라 그 자리에 쌓인 세월의 침전물이 보인다.

독자들이 시세계를 따라가다 보면, 풍경의 기록이자 정서의 기록과 마주하게 된다. 시인은 익숙한 길과 낯선 길을 가리지 않고, 그 속에서 인간과 세계의 관계를 새롭게 그려낸다. 그리고 이 시집의 주제 의식은 평화와 귀속감으로 압축된다. 평화란 전쟁이 부재한 상태만을 의미하지 않는다. 그것은 사람들이 서로의 자리를 인정하고, 함께 거주할 수 있는 기억을 공유하는 상태다.

또한 시인의 시선은 장소를 경계나 소유의 대상으로 보지 않고, 사람들이 그 안에서 관계를 맺고 이야기를 만들어가는 공유지commons로 인식한다. 그렇기에 시인의 발자취는 타인의 땅을 밟는 행위가 아니라, 서로의 풍경 속에서 자신을 발견하는 일이다.

이 시집을 관통하는 키워드는 다음과 같이 다섯 가지이다.

① 지리산 – 시인에게 지리산은 단순한 지역이 아니라, 자신과 세계의 관계를 다시 짜는 사유의 과정이다. 지리산의 풍경 속으로 들어가면서, 그는 시공간적 경계를 넘고 내적 확장을 이룬다.

② 지역 – 각 시에서 지역은 단순한 지리적 좌표가 아니라, 역사와 공동체의 기억이 응집된 장소다. 지역은 고유의 문화와 서정을 품으며, 사람들의 삶의 궤적을 증언한다.

③ 풍경 – 시 속 풍경은 외형적 묘사를 넘어, 시인의 정서와 철학이 투영된 상징적 존재다. 그것은 보는 대상이자 시인의 내면을 비추는 거울이다.

④ 평화 – 평화는 갈등의 부재를 넘어, 서로 다른 이들이 한 공간에서 공존하고, 기억을 나누며, 관계를 지속하는 상태로 정의된다.

⑤ 귀속감 – 귀속감은 한 장소에 뿌리내린 소속 의식이 아니라, 지나온 모든 장소가 '나'를 구성한다는 자각이다. 이는 경계를 허물고, 다중적인 '나'를 인정하는 태도와 맞닿아 있다.

이런 키워드 아래 이 시집의 대표작들을 살펴보자.

1. 상처 입은 자연, 기억하는 강산 – 지리산이 품은 생명과 회복의 서사

지리산과 그 품속에서 흘러나온 강과 바다, 그리고 그 곁에 서 있는 사찰과 꽃들은 단순한 풍경이 아니다. 그것들은 불타고, 흘러가고, 울부짖으며, 다시 피어나는 생명의 기록이자 인간의 역사이다. 발터 벤야민은 "자연 속에는 인간의 모든 승리와 패배가 흔적으로 남는다"고 했다. 이 시편들은 그 흔적을 더듬으며, 우리가 잊어서는 안 될 '기억하는 자연'을 보여준다.

먼저 「소나무의 통곡」은 한 폭의 푸른 산림이 순식간에 재로 변하는 순간을 그린다. 시인은 "백 년을 공들여 가꾼 숲은/ 재가 되고 통곡이 되고 주검이 되었다"고 단언한다. 이 한 줄은 자연의 비극을 인간적 상실과 동일한 차원으로 끌어올린다. 불타는 숲은 단지 배경이 아니라, 백 년을 살아온 생명체이며, "날 짐승은 새끼를 잃고 멀리 날아가고"라는 구절 속에서 우리는 산불의 피해를 단순한 환경 파괴가 아닌 생태계의 무너짐으로 느낀다. 마지막에 "씨앗을 싹트게 하소서"라는 기도는 절망 속에서도 회복을 향한 인간의 염원을 드러낸다.

그 회복의 품이 바로 「지리산」이다. 시인은 자신을 "빨치산"이자 "동학군"이며, "약초꾼 무속인 자연인 스님"으로 선언한다. "슬기와 지혜를 한없이 안겨주는 어머니"로서의 지리산은 인간의 역사, 정치, 종교를 모두 품는다. "내 이름은 참 지리산智異山이다"라는 마무리는 자연이 단순한 풍경이 아니라 역사의 주체임을 선명히 한다.

「경호강」에서는 물과 바람, 하늘과 별이 유유히 흐른다. "잔물결 일렁일 때 엄마 얼굴 그려 넣고"라는 대목은 강이 단순한 물길이 아니라, 가족의 기억을 담는 거울임을 보여준다. 아이의 "아장아장" 걸음과 어머니의 얼굴, 그리고 "순이가 쑥을 캐고 영애가 달래 캔다"는 일상은 강을 공동체의 터전으로 만든다.

비슷하게 「덕천강德川江」은 시인의 유년과 삶 전부를 품은 젖줄이다. "나를 잉태한 양수요 길러 준 젖줄"이라는 시구는 강을 모성적 존재로 형상화한다. 강변의 "소복단장 용왕제"와 "황금들판"은 자연이 생계와 신앙, 공동체 문화까지 포괄하는 공간임을 말한다. 그리고 "팔십 년 세월/ 아직도 너와 함께 흘러가고 있다"는 결말은 자연과 인간의 생애가 하나의 흐름으로 맞물려 있음을 시사한다.

그러나 자연은 인간의 상처를 가려주기만 하는 온화한 품만은 아니다. 「몽돌밭 파도는 왜 우는가」는 파도와 자갈을 매개로 역사 속 고통을 불러낸다. "군함도 탄광에서/ 필리핀 정글에서/ 만주 벌판에서"라는 연속적인 나열은 전쟁과 노동착취의 공간들을 압축하며, 그 모든 원혼이 "자갈돌이 상여꾼"이 되고 "몽돌이 저승사자"가 된 장면에서 파도 소리는 곧 울부짖음이 된다.

「덕산사德山寺」는 시간과 신앙이 교차하는 장면을 보여준다. "촛불이 춤을 추고 눈물은 범벅으로 흘러"라는 첫 구절은 사찰이 단순한 건축물이 아니라 인간의 기도와 슬픔이 켜켜이 쌓인

영적 공간임을 보여준다. "석남암사지 석조비로자나불좌상"이 "눈감고 두 손 모아 신라를 소환"하는 장면은 자연 속 사찰이 역사와 현재를 이어주는 통로임을 드러낸다.

또 「오월의 찔레꽃」은 계절의 꽃을 통해 역사적 기억을 환기한다. "만세 소리가 들리고 태극기가 펄럭인다"는 시구는 찔레꽃이 단순한 봄꽃이 아니라 항일과 해방, 그리고 전쟁의 희생을 기리는 상징임을 선명히 한다. "특공대가 쓰러져간 덕천 강변"과 "양민들 주검 구덩이"에서 피어난 찔레꽃은, 억울한 죽음을 흙 속에서 되살려 세상에 피워내는 자연의 기억력을 증명한다.

이 시편들은 한국 현대시의 '자연시' 범주를 확장한다. 지리산의 단순한 풍경 묘사나 감상에서 벗어나, 자연을 역사와 공동체 기억의 저장소이자 주체로 그린다. 이는 생태주의적 시각과도 맞닿아 있지만, 그 초점은 환경 자체보다 자연이 지닌 '기억의 힘'에 있다. 지리산, 강, 바다, 사찰, 꽃이 모두 역사를 품고, 생명의 순환과 상처, 그리고 회복의 염원을 동시에 보여주는 것이다.

문학사적으로도 이 시들은 지역성과 보편성을 동시에 획득한다. 지리산, 경호강, 덕천강 등 구체적인 지명과 토착적 이미지가 지역 문학의 정서를 살리지만, 전쟁·식민지·산불과 같은 소재는 인류 보편의 상처와 맞닿는다. 그 결과, 이 시편들은 특정 지역의 노래이면서도 세계 문학적 울림을 지닌 작품으로 평가될 수 있다.

결국, 이 시들은 상처 입은 자연과 그 속에서 살아온 인간이 서로의 거울이자 기록자임을 증언한다. "씨앗을 싹트게 하소서"라는 기도에서 "군가 소리 힘차고 총소리가 깨 볶는다"는 역사적 각성까지, 우리는 자연 속에서 인간사를 읽고, 인간사 속에서 자연을 본다. 불타고, 흘러가고, 울부짖으며, 다시 꽃피는 이 순환이야말로, 지리산과 그 품속의 모든 것이 전하는 가장 오래된 이야기다.

2. 기억의 땅, 침묵의 강 – 상처를 품은 역사의 시학

땅은 잊지 않는다. 고개와 강, 폭포오- 마을은 그 위를 지나는 인간의 발자취와 눈물, 피의 냄새를 오래도록 품는다. 이 시편들은 바로 그 땅의 증언이다. 전쟁과 학살, 가난과 억압, 그리고 이를 견뎌낸 민중의 서사가 한 편 한 편의 시 속에서 살아난다. 마르틴 하이데거는 "시는 존재를 거처하게 한다"고 했다. 여기서 '거처'란 단순한 공간이 아니라 기억과 의미가 거주하는 자리다. 이 시들은 상처 입은 역사와 그 상처를 간직한 자연을 '존재의 거처'로 삼아, 독자에게 다시 기억하게 한다.

먼저 「작전명령 제5호」는 전쟁이 남긴 가장 잔혹한 명령과 그 결과를 직시하게 한다. "미복구 지대 즈민은 전부 총살하라"는 문장은 인간이 인간에게 내릴 수 있는 최악의 명령을 함축한다. 그러나 시인은 단순한 기록이 아니라 상징으로 그 현장을 복원한다. "담배 삼지와 두루마기 동백꽃으로 떨어졌다/ 무명치마 저고리에 장미 꽃잎 휘날리고"라는 구절은 학살의 순간을 피와 꽃, 옷가지의 이미지로 전환해, 비극 속에서도 인간 존엄의 마지막 흔적을 남긴다. 70년을 "소리 없이 홀로 우는" 오봉산 까마귀는 그 증언의 유일한 목격자다.

「오월의 찔레꽃」은 기억의 방식이 다른 예다. "억울하게 스러져 간 영혼들이 일어선다"는 선언과 함께. 덕천강과 밤무동에서 피어난 찔레꽃은 단순한 식물이 아니라 저항과 생존의 상징이다. "꽃잎 물고 만세 부르며"라는 표현은 꽃이 생명을 대신해 목소리를 내는 장면이자, 역사 속 억압받은 자들의 집단적 부활이다. 여기서 꽃은 슬픔을 덮는 장식이 아니라, 상처를 드러내는 깃발이다.

「무제치기 폭포」는 자연 풍경 속에 역사와 전설을 겹쳐 놓는다. "삼국의 창칼이 번득이고 백성의 흰 피가 튄다"는 장면에서 폭포는 전쟁의 현장이자 피의 기억을 씻어내는 자리다. 그러나 시인은 단순히 비극을 반복하지 않는다. "산을 닮고 물을 닮아 순리대로 흐르거라"는 구절로, 폭포를 통해 인간이 궁극적으로 도달해야 할 화해와 순리를 제시한다. 자연의 물줄기는 피의 강을 삼키고, 세월과 함께 흘러가면서도 그 기억을 잊지 않는다.

「백의민족」은 상처 속에서도 존엄을 잃지 않은 민족의 정체성을 그린다. 첫눈이 내려 세상을 덮는 순간, "더러워진 옷을 훌훌 벗어라/ 깨끗한 무명옷을 입어라"는 초대가 울린다. 하얀 옷은 단순한 전통 복식이 아니라 청렴과 평화를 향한 의지의 상징이다. "겉치레도 속셈까지도/ 하얀 첫눈이 내리면"이라는 표현에서 시인은 외양과 내면 모두를 정결하게 하자는 도덕적 호소를 던진다.

「밤머리재」는 역사적 상처와 직접 맞닿아 있지는 않지만, 땅이 기억하는 노동과 생의 흔적을 보여준다. "알밤 한 말 지고 가다 고갯길 넘고 나면/ 밤톨이는 오간 데 없다"는 전설은, 고개를 넘던 이들의 삶과 고단함을 오래도록 불러온다. 그 위에 얹힌 "기러기 떼 구름 쫓아 부채질하고"라는 이미지에서는 계절의 변화와 삶의 순환이 묻어난다. 설령 잊혀져도 "밤나무 새싹 난다"는 결말은 상처 위로 다시 싹트는 생명을 은유한다.

「보릿고개 Ⅰ」은 전쟁의 참혹함 대신 기근과 궁핍이라는 또 다른 생존의 고난을 다룬다. "우리는 오늘이 보릿고개랍니다"라는 절규는 매미, 파리, 곤충의 입을 빌려 전해진다. 배고픔을 견디며 "제발 한 입만 먹고 가겠소"라고 비는 곤충의 모습은 인간의 생존 욕구와 다르지 않다. 생물의 종을 넘나드는 연민과 공감이, 고난을 보편적인 차원으로 확장한다.

이 시편들의 특징은 땅과 자연을 단순한 배경이 아닌 '기억의 주체'로 세운다는 점이다. 고개, 강, 폭포, 꽃, 계절은 모두 인간

역사의 비극과 존엄을 담는 그릇이 된다. 또한 역사적 사실을 그대로 나열하기보다, 이미지와 상징을 통해 기억의 형식을 미학적으로 변형시킨다. 이는 사실주의적 기톤시와 서정시가 교차하는 지점으로, 1980년대 이후 한국시에서 나타난 '역사서정'의 한 유형과 맞닿는다.

특히 이 시들은 지역성과 보편성을 동시에 획득한다. 방곡리 학살, 덕천강, 밤머리재 등 구체적 지명과 사건은 지역의 역사와 정체성을 드러내지만, 그 상처와 회복의 서사는 전쟁과 억압을 겪은 모든 인류의 공통 경험과 연결된다. 역사적 기억을 자연에 새겨 넣음으로써, 시인은 '기억의 지리학'을 구축한다.

결국 이 시편들은 묻는다. "떠도는 영혼들 어쩔 거냐고" – 과거의 상처를 외면할 것인가, 아니면 땅과 꽃, 강과 바람 속에서 다시 불러낼 것인가. 시는 두 번째 길을 택한다. 그것이야말로 땅이 잊지 않는 까닭이고, 우리가 잊어서는 안 되는 이유다.

3. 하늘과 강 사이, 전설이 머무는 자리

지리산과 그 주변에 깃든 전설과 신화, 영성의 세계를 그린 이 시편들은, 단순한 산수시나 향토시의 차원을 넘어선다. 그것들은 과거와 현재, 인간과 자연, 현실과 초월이 교차하는 경계에서 울려 나오는 장중한 숨결이다. 시인은 여기서 역사를 기록하는 사관이자, 신화를 전승하는 무당이며, 동시에 자연과 대화하는 수행자의 역할을 맡는다. 이 세계의 가장 큰 의의는, 우리가 살고 있는 땅이 결코 무정한 흙덩이가 아니라, 수천 년의 이야기를 품고 살아 숨 쉬는 '기억의 생명체'임을 드러낸다는 데 있다.

시들의 특징은 서사성과 묘사성의 교직이다. 각 작품은 인물과 사건, 전설과 장소를 통해 뚜렷한 이야기의 골격을 세우지만, 그 이야기를 지탱하는 것은 감각적 이미지와 강렬한 시각·청각적 묘사다. "천왕봉 안개 모아 풀잎에 싸고"와 같은 구절은 전설을 생생한 감각의 언어로 변환한다.

독일 철학자 헤르만 헤세는 "자연의 깊이는 신화 속에서만 다가올 수 있다"라고 했다. 이는 곧 시인이 전설을 빌려 자연을 노래하는 이유를 설명해 준다. 자연은 단순한 배경이 아니라, 신화의 무대이자 주체이며, 신화는 자연의 심장을 드러내는 언어다.

「왕의 피난길」에서 양왕은 왕좌를 버리고 지리산에 몸을 의탁하지만, 그 고고한 퇴장은 곧 무거운 역사와 죄책을 끌어안은 채 돌무덤이 되는 길이다. 여기서 산은 단순한 피신처가 아니라, 인간의 덧없음과 역사의 무게를 묵묵히 받아내는 '영적 저장소'가 된다.

「하늘 계단」은 인간의 의지와 자연의 초월성을 극적으로 대비시킨다. 천왕봉에 오르는 과정은 마치 구도의 길과 같으며, 정상에 이른 순간 시인은 "옥황상제 허락도 없이" 하늘에 발을 디딘 견우가 된다. 산행의 고통과 정상의 환희가 하나로 묶이며, 인간의 의지와 자연의 장엄함이 한 점에서 맞닿는다.

「무제치기 폭포」는 전설과 역사적 상처가 함께 흘러내리는 장소다. 폭포의 물줄기는 "왜놈의 딱총 소리"와 "백성의 흰 피"를 함께 토하며, 그 울림은 단순한 물소리를 넘어 천년의 외침으로 변모한다. 이 시에서 폭포는 자연 현상이면서도, 역사를 씻고 기억하는 의식의 장이다.

「왕등재」는 이러한 자연의 신성성과 역사성을 하나의 상징으로 묶는다. 람사르 습지라는 현재적 가치, 구형왕이 넘어간 전설적 의미, 그리고 "사람아 오르지 마라/ 천년을 숨겨 왔다"는 금기의 목소리가 겹겹이 포개진다. 왕등재는 침범할 수 없는 성소이자, 역사의 은신처다.

다른 작품들도 영성의 결을 잇는다. 「선녀는 없는가」는 강과 대숲, 백조와 별빛을 통해 인간이 부재한 시간의 고요를 그린다.

여기서 선녀는 실제 존재 여부보다, 인간의 상상 속에서 자연을 신비롭게 만드는 장치다.「평화의 댐」은 전설 대신 현대사의 아이러니를 담지만, '평화'라는 이상이 물 없는 댐처럼 형식만 남았음을 풍자하며, 결국 진정한 영성은 허울뿐인 구조물에 있지 않음을 상기시킨다. 또「힘을 빼라」는 골프라는 일상의 행위에서 무위자연의 가르침을 발견한다. 욕심과 힘을 내려놓을 때 비로소 '홀'에 가까워지는 경험은, 하늘과 강, 산의 이야기와도 통한다.

지역 전설을 소재로 한 많은 시들이 단순한 기록이나 재현에 그치는 반면, 이 작품들은 전설과 신화를 단지 과거의 산물로 두지 않고, 현재의 생생한 체험 속에 끌어들인다. 이 시들은 지역의 전설과 풍광을 빌려 인간의 내면과 공동체의 기억을 동시에 회복한다. 또한 신화적 소재를 현실 속에 자연스럽게 녹여내는 기법은 모더니즘적 상징성과 전통 서정시의 융합이라 할 수 있다.

이로써 독자는 전설을 읽는 것이 아니라, 전설 속을 살아가는 경험을 한다. 그리고 이 경험 속에서 우리는 깨닫는다. 우리의 산과 강, 바람과 별빛은 모두 오래전부터 이어져 온 이야기의 주인공이며, 그 이야기는 지금 이 순간에도 쓰이고 있다는 것을.

4. 불씨처럼 살아내는 하루, 향기처럼 남는 사람

여기 모은 시편들은 한 마을의 사계절 같은 사람들의 이야기다. 아침 햇살 아래 뒤뚱거리는 두 살 손자, 장날마다 억센 손으로 생계를 지켜내는 엄마, 오지 않을 이를 끝내 기다리는 그리움, 서로에게 묶인 금슬, 봄날처럼 향기로운 친구, 하루를 불태우는 하루살이의 생, 그리고 모닥불 앞에서 조용히 데우는 추억까지. 시인은 이 풍경들을 건조한 보고서처럼 나열하지 않는다. 그는 일상 속의 찰나와 정서를 하나하나 불씨처럼 되살려, 그 온기와 향기를 오래 머물게 한다.

　이는 '평범한 일상'이 결코 소소하거나 하찮지 않음을 증언하는 시들이다. 이들은 모두, '존재의 집'을 한 칸 한 칸 지어 올리는 벽돌과 같다. 손자의 첫걸음, 시장의 흥정, 기다림의 목마름, 연인의 애정, 우정의 향기, 하루의 전부를 살아내는 작은 생명, 모닥불의 사색. 이 모든 것은 '사는 일'의 본질을 이루는 벽돌이자, 우리가 발 딛고 있는 터전이다.

　「두 살 손자」는 순수함이 가진 압도적인 힘을 보여준다. "뒤뚱뒤뚱 걷는 모습은 펭귄/ 살금살금 네발로 기는 모습은 두꺼비" 같은 비유는 시인의 시선이 얼마나 유머러스하고 다정한지 알려준다. 아이의 움직임은 단순한 성장 과정이 아니라, 온 집안을 뒤흔드는 기적이며, 일상의 무대를 마술로 바꾸는 힘이다.

　「엄마의 장터」는 노동과 헌신의 얼굴을 그린다. 하늘이 지붕이고 아스팔트가 좌판인 장터는, 물건을 사고파는 장소를 넘어, 삶을 지탱하는 무대다. 나물과 채소의 이름들이 사계절을 돌며 나열되는 장면은, 곧 가족을 먹여 살리는 엄마의 손길이 계절과 함께 흐르고 있음을 드러낸다. 여기서 "노란 완장 호루라기"는 생계 앞에 놓인 제도적 장벽을 상징하지만, 시인은 그마저도 온전히 삶의 일부로 받아들인다.

　「갈증」은 부재와 기다림의 정수를 담고 있다. 초승달, 바람, 비, 보름달, 개구리울음 같은 자연의 징후들은 모두 혹시 올지도 모를 그 사람을 위한 부름이다. 그러나 기다림이 결실을 맺지 않아도, 그 과정 자체가 한 인간의 감정과 생을 빛나게 만든다는 것이 시의 숨은 결론이다.

　「금슬琴瑟」은 다양한 공간-남산타워, 지하철, 주차장-에서 포착한 사랑의 장면들을 연결한다. 그러나 시선은 결코 감상적이지만은 않다. 때로는 인증샷에 방해받고, 군중 속에서 부끄러워

지고, 핸드폰에 담기기도 전에 사라지는 순간. 이렇게 사랑은 순간적이고 가변적이지만, 그 반짝임이 있기에 우리는 여전히 '금슬'이라는 단어에 마음이 움직인다.

「친구」는 우정을 연애시처럼 다룬다. 친구의 눈, 볼, 입술, 귀, 가슴을 모두 자연의 아름다움에 비유하는 시선은 애정과 존경이 뒤섞인 친밀함을 보여준다. "너는 나의 허브향/ 나는 너의 박하향"이라는 결말은 서로가 서로에게 주는 상쾌한 위안과 활력을 은유한다.

「하루살이」는 시간의 짧음과 순간의 충실함을 동시에 묘사한다. 춤추고, 마시고, 웃고, 그 다음날은 오지 않는 생. 하지만 시인은 여기서 덧없음을 한탄하지 않는다. 오히려 "내일은 오지 않았다"는 직설 속에는 오늘 하루를 끝까지 살았다는 충만함이 배어 있다.

「모닥불」은 이 시편들의 정서적 종착지다. 불꽃 앞에 모여 앉아 과거의 이야기와 짝사랑, 미완의 감정을 데우는 밤. 불빛은 기억을 고르게 비추고, 장작은 천천히 타오르며 삶의 사연을 천천히 녹인다. 이 시에서 "짧은 생이 바쁜 매미"나 "새끼를 부르는 뻐꾸기" 같은 자연의 이미지들은 인간의 사연과 겹쳐, 한 생의 덧없음과 따뜻함을 동시에 전한다.

이 시들은 전통 서정시의 뿌리를 지니면서도 현대 생활의 구체적 장면과 대상을 적극적으로 끌어들인다. 장터, 지하철, 주차장, 리모컨, 인증샷 같은 소재는 시의 배경을 오늘로 가져오지만, 그 안에 담긴 정서-사랑, 그리움, 우정, 감사-는 시대를 초월한다. 이는 '현대 향토 서정'이라는 장르의 한 확장형이라 할 수 있다.

한국 시에서 '사람 이야기'는 종종 단속적·농촌적 이미지에 국한되었지만, 이 작품들은 도시와 농촌, 전통과 현대, 가정과 사회를 넘나들며 인물과 장면을 잡아낸다. 그리고 그 연결고리는 언제나 '삶을 긍정하는 시선'이다. 삶의 불씨를 끄뜨리지 않고,

그 불빛에 서로의 얼굴을 비춰주며, 그 향기를 다음 세대에게 전해주는 일—이것이야말로 이 시편들이 남기는 가장 큰 선물이다.

5. 시로 그려낸 여행과 평화의 지리학

여행은 흔히 '이동'으로 정의되지만, 이 시집 속 여행은 단순한 발걸음이 아니라 공간과 시간을 가로지르는 정서적 귀속의 여정이다. 서울의 밤거리에 떠오르는 인공별, 안데스의 하늘 호수, 피난민의 눈물로 젖은 항구, 그리고 동해의 외로운 섬까지. 시인은 각 지역을 거닐며 풍경을 보는 눈과 동시에, 그 풍경 속에 살아 숨 쉬는 기억과 역사를 꿰뚫는 시선을 유지한다.

시로서의 특징은 우선 이미지의 집약과 병치다. 「서울의 별」에서는 아스팔트 위의 자동차 불빛이 "강물처럼 흐른다"는 이미지로 변주되며, 「티티카카 호수」에서는 갈대가 집이 되고, 옷이 되고, 배가 되어 삶의 전부를 이룬다. 이러한 감각의 전환은 보는 이를 단번에 현장 속으로 끌어들이고, 그 공간의 고유성을 한 문장 안에 함축한다.

철학자 마르틴 하이데거가 말한 '거주'의 의미는 단순히 사는 공간이 아니라, 세계 속에서 '자리를 마련하는 행위'다. 이 시집 속 장소들은 그저 관광지가 아니라, 사람과 사물과 시간이 서로를 부르는 거처다. 「감천항 문화마을」의 빛바랜 담장과 가파른 비탈길은 실향민의 거주 흔적이자 역사적 상흔이며, 「청사포」의 몽돌은 파도와 그리움이 수십 년간 부대껴 빚은 존재의 결절점이다.

「봉래산에 오르면」은 피난민의 발자취와 오늘의 번영이 한 산의 풍경 속에 공존하는 역설을 보여준다. 바다와 등대, 야경과 춤추는 갈매기들은 삶의 회복력을 상징하며, 이는 여행의 목적이 '과거를 지우는 것'이 아니라 '품는 것'임을 일깨운다.

「마산항 친구」에서는 노년의 우정이 계절과 풍경 속에 투영된다. 분홍 나비 같은 진달래, 노란 생강나무꽃과 함께, 육신은 늙었으나 마음은 여전히 검정 교복을 입은 시절의 청춘임을 고백한다.

「독도」는 지리적 표지이자 역사적 저항의 장소다. 섬을 구성하는 암석과 식생, 철새들이 나열되는 서술은 단순한 설명을 넘어 '여기 있음'의 증명이다. 특히 "36년 도둑질도 모자라 제 것이라 우긴다"는 구절은 장소를 둘러싼 힘의 논리를 비판하며, 여행의 시선이 어떻게 정치적 입장과 맞물릴 수 있는지 보여준다.

「서울의 별」과 「티티카카 호수」는 서로 멀리 떨어진 공간이지만, 모두 인간이 풍경을 재해석하는 방식을 보여준다. 서울의 별은 땅에서 솟는 인공의 빛이고, 티티카카의 별은 호수 위 갈대마을의 소박한 삶 속에서 반짝인다. 인공성과 자연성, 속도와 느림의 대조는 장소마다의 고유한 시간감을 드러낸다.

「청사포」는 바닷가의 시적 감수성이 집약된 작품이다. 파도, 수평선, 그믐달, 몽돌의 이미지가 겹겹이 쌓이며, 기다림과 그리움이 구체적인 사물로 응고된다.

이 시들은 사실적 묘사와 서정적 응축이 결합한 후기 모더니즘적 지역시의 성격을 띤다. 구체적 지명과 현장감을 살리면서도, 단순한 기록에 머무르지 않고 보편적 정서와 존재론적 질문을 끌어올린다. '내가 이곳에 서 있다는 것'과 '이곳이 나를 기억한다는 것'이 상호 교환되며, 이는 여행과 지역시가 가질 수 있는 최고의 미학적 성취라 할 수 있다.

전쟁, 실향, 산업화, 이주, 그리고 세계화의 경험이 얽힌 한국 현대사의 맥락 속에서, 이 시들은 장소를 단순한 배경이 아닌 기억과 평화의 매개체로 재정의한다. 이는 1980년대 이후 지역 정체성과 세계 시민성을 동시에 사유하는 시적 경향과 맞닿아 있다.

우리는 모두 누군가의 고향을 지나고, 언젠가 누군가의 고향을 향해 간다. 그 여정 속에서 풍경은 변하지만, 그 안의 정서와 관계는 사라지지 않는다. 시인은 각 장소를 통해 평화란 '함께 거주할 수 있는 기억'을 만드는 것임을 일깨우고 있다. 이러한 깨달음이야말로 여행의 참된 이유이며, 시가 공간을 기록해야 하는 이유다.

지금까지 시집 『지리산 속살 이야기』을 통해 살펴본 이종영 시인의 시 세계는 다음과 같은 특징을 갖는다.

첫째, 공간의 인격화와 감정화이다.

이종영 시인의 시에서 장소는 단순한 배경이 아니라 주체적 존재다. 항구, 산, 도시, 호수는 감정을 품고 시인과 대화하며, 독자와 관계를 맺는다. 이는 공간을 살아있는 유기체로 다루는 독특한 시적 방법론이다.

둘째, 기억과 역사성의 병치이다.

시인은 개별적 체험과 집단적 기억을 같은 장소 안에 병치한다. 한 풍경 속에는 자신의 추억과 더불어, 전쟁·이주·사회변동의 흔적이 겹쳐 있다. 이를 통해 개인적 서정과 역사적 서사가 유기적으로 엮인다.

셋째, 경계 허물기와 다층적 의미 부여이다.

그의 시 속 공간은 실재와 상징, 개인과 공동체, 과거와 현재가 동시에 존재한다. 시인은 한 장소의 의미를 하나로 고정하지 않고, 다층적 해석이 가능하도록 열어둔다. 이는 현대시가 지향하는 '해석의 개방성'과 긴밀히 연결된다.

한국 현대시는 오랫동안 산업화, 도시화, 전쟁과 이주의 상흔을 배경으로 발전해 왔다. 이 시 집은 그 흐름 위에서, 특정한 장소들을 통해 개별적 경험과 집단적 기억을 동시에 드러낸다. 더 나아가, 국내와 해외의 장소를 넘나들며 세계화 시대의 시적 감각을 구현한다. 그럼에도 불구하고 시인의 시선은 언제나 구체적인 땅과 그 땅에 발 딛고 사는 사람들에게 고정되어 있다. 이는 무국적 감성에 빠지지 않으면서도, 경계와 차이를 넘어선 연대를 지향하는 드문 균형이다.

이종영 시인의 시 세계는 한국 현대시의 공간 서정 전통을 새롭게 확장하는 지점에 서 있다. 그는 지역, 특히 지리산을 단순한 소재로 소비하지 않고, 그 속에 깃든 역사·문화·인간관계를 온전히 복원한다. 이러한 태도는 단순한 감상적 묘사를 넘어, 장소를 매개로 한 인간 존재 탐구라는 문학적 깊이를 획득하게 한다.

미학적으로, 이종영 시의 강점은 감각적 구체성과 철학적 사유의 병행이다. 그는 시각·청각·촉각의 이미지로 독자를 현장에 세워두면서, 그 장면 위에 존재론적 질문을 던진다. 이 균형감은 난해함 없이 깊이를 구현하는 드문 미학이다. 풍경과 사유, 기록과 해석이 맞물린 구조는 한국 문단에서 쉽게 소멸되지 않을 독창적 자산이다.

그는 특정한 시대의 향수나 개인적 서정에만 머물지 않고, 오늘날의 사회·문화적 맥락과 세계적 감각을 함께 담아낸다. 이종영 시인의 장래성은 바로 이 '경계 확장'의 능력에 있다. 그는 과거와 현재, 고향과 타향, 현실과 상징을 자유롭게 오가며, 독자에게 한 편의 시가 하나의 여행이자 귀향이 될 수 있음을 증명한다. 앞으로 그의 시가 더 많은 독자에게 닿는다면, 한국 시단은 한층 더 다성적이고 넓은 지평을 확보하게 될 것이다.

그림과책 시선 339

지리산 속살 이야기

초판 1쇄 발행일 _ 2025년 9월 24일

지은이 _ 이종영
펴낸이 _ 손근호

펴낸곳 _ 도서출판 그림과책
출판등록 2003년 5월 12일 제300-2003-87호.

03924 서울특별시 마포구 월드컵북로54길 17 821호
　　　　(상암동, 사보이시타디엠씨)
　　　　도서출판 그림과책
전화 (02)720-9875, 2987 _ 팩스 (02)720-4389
도서출판 그림과책 homepage _ www.sisamundan.co.kr
후원 _ 월간 시사문단(www.sisamundan.co.kr)
E-mail _ munhak@sisamundan.co.kr

ISBN 979-11-93560-46-4(03810)

값 12,000원

이 책의 판권은 지은이와 그림과책에 있습니다.
잘못된 책은 교환해 드립니다.

이 책은 산청군문화예술 진흥기금 일부를 지원받아 발간되었습니다.